# 伝える! 作文の練習問題

野内良三

*Nouchi Ryozo*

1182

NHKBOOKS

NHK出版【刊】

Printed in Japan
［図版作成］武内未英
［本文組版］㈱ノムラ
［協力］山本則子

# 伝える！　作文の練習問題【目次】

# はじめに

時代は変わった。現代はだれもが「書き手」になれる時代だ。インターネットの普及で「書き手」は雲の上の存在ではない。メールやブログやツイッターなどでだれもが情報の「発信者」になる。「伝える」文章を書く能力は現代人の必須《ひっす》のアイテムである。

古来、文章術のコツは多読（多く文章を読む）、多作（多く文章を作る）、多思（多く文章を思う＝推敲《すいこう》する）にあるという。本書はいろいろ制約はあるけれども、この三つの課題をこなしたいと考えた。

谷崎潤一郎は『文章読本』のなかで「私は、文章に実用的と藝術的との区別はないと思います」と断言している。ここでいう「文章」は「現代の口語文」（散文）のことだ。「文章の役目」はもっぱら「分からせる」「理解させる」ことにある。文章は「分らせるように書く」ことに尽きる。この谷崎の文章観に私はもろ手を挙げて賛成する。「分らせる」「理解させる」という物言いにはちょっぴり引っかかりを覚えるけれども（「分かってもらえる」「理解してもらえる」と私なら言う）。

右のような文章観から本書では芸術文も遠慮なく援用した。というよりかむしろ、事務文書やマニュアル文書、ビジネス文書のような純粋な実務文の引用は避けた。専門的な予備知識を必要とする話題は本書が想定する広い読者層——コンセプトは「高校生にも読める」——にとってはふさわしくないと判断したからだ。そこで、話題はだれもが取っつきやすい一般的なものにかぎり、文系あるいは理系のどちらにも偏らないように配慮した。文章は主に小説、エッセー、評論、論文などからとった。「たかが例文、されど例文」である。「多読」にふさわしい、読んで「ためになる」文章を集めた。

「多作」についていえば、本当は課題を出して書いてもらうのが最善である。しかしながら、教場ならいさ知らず今の場合はできない相談だ。そこで、見本を書き直す作業で代替することにした。ここでの狙《ねら》い目は実用文の「形」（文型）の習得である。「多思」については「多作」と重なる部分があるが、語順や読点、ハとガなどの「練習問題」をもって当てた。

ところで以下の説明で私は、ヨーロッパ語（主に英語・フランス語）の物差しを持ち出すことが多い。くれぐれも誤解しないでいただきたいが、なにもヨーロッパ語の基準でもって日本語を裁断しようと、もくろんでいるわけではない。日本語の姿（本質）を映し出すための合わせ鏡として使っているだけだ。この手続きを踏むことによって日本語の長所と短所があざやかに浮き彫りになるはずだ。

その詳細は本文に譲るが、日本語は主観的な言語で「私」が見たこと、感じたこと、思ったことを書くことには向いているけれども、対象を客観的に分析することや、抽象的＝観念的に思考することが不得手だ。この弱点を克服し「思想」を綴《つづ》るために昔は「漢文体」に助けを求め、明治時代以降は「翻訳調」に乗り換えた。日本人は「思想」には翻訳調の日本語で、「感情」には伝統的な日本語で対応してきた。

この伝統をいま改めて真剣に見直すべきだろう。欠陥をもたない言語はないが、全体として見ればどの言語も満足がいくものであり、言語に優劣はないというのが私の年来の持論だ。日本語のよいところはさらに伸ばせばよいし、欠けたところはヨーロッパ語を参考にして埋めればよい。

私の見立てによれば現代日本語には、本来の「自然な」日本語（和文脈）と外来の「人為的な」日本語（欧文脈）とが混在している。「実用文」はこの両者のあいだを揺れ動いている。すでに指摘したように現代はだれもが「書き手」になる時代だ。あるいは学校で、あるいは職場で、あるいは家庭でさまざまなタイプの文章を書かざるをえない。論文、レポート、ビジネス文書、事務文書などの「かたい」文章を書く一方で、エッセー、感想文、手紙、メール、ブログ、ツイッターなどの「やわらかな」文章も書く。

このような多様な要請に応《こた》えるには「やわらかな」和文脈だけでは対応しきれない。「かたい」欧文脈を積極的に取り入れる必要がある。和文脈と欧文脈のしなやかな統合、臨機応変な使い分けを真剣に考えざるをえない。「かたい日本語」（欧文脈）と「やわらかな日本語」（和文脈）の双方向的な書き替え（和文和訳）をあえて提案するゆえんである。ヨーロッパ語をにらみながら日本語の可能性を問いかけ、「あるべき」実用文を追求することが、いま求められている喫緊の課題ではないだろうか。

上述の狙いを達成するために本書は記述スタイルに工夫を凝らした。一方通行的な語りかけではなくて対話形式を採用することにした。軽妙な語り口、自由闊達《かったつ》な問答、フィードバック、ツッコミ、脱線……。読者よ、よろしく登場人物になりきって「伝える日本語」を一緒に考えてほしい。

登場人物は五人である。

主役は暇持余史《ヒマモテ・アマシ》先生と何出問関心《ナンデモ・カンシン》くん。

先生は一年前に定年退職して、今は悠々自適の生活を送っている。長年、大学でフランス文学を教えていた。何冊かの専門書も出している。専門の分野ではそこそこの仕事を残したが、世間的にはほとんど知られていなかった。ただ、五〇歳頃《ごろ》から刊行しはじめたレトリック関係の著作のせいで知る人ぞ知る、世間にも少しはその名を知られるようになった。文章技術の本も二冊出版している。

ナンデモくんは「なんにでも関心を示す」好奇心旺盛《おうせい》な好青年で、いま大学の三年生だ。国際関係論を専攻していて、将来は外資系企業で働きたいと希望している。そろそろ就職活動のことが気になりはじめた。また、卒業論文になにを取り上げるかでも迷っている。そんなこんなで最近は文章を書くことに関心を寄せている。

ナンデモくんは先生の家の近くのマンションで家族と一緒に住んでいる。殊勝なことにボランティア活動に積極的で、地域の広報誌を出している市民グループに協力している。先生と知り合いになったきっかけは、去年たまたま先生の作文術の本を読み、そこに書かれていたことに興味をかきたてられ、短い原稿を依頼したことだった。礼儀正しくて素直で明るい人柄が先生に大いに気に入られ、家が近所ということも手伝って、お宅にときどきお邪魔するようになった。先生は二人の娘さんが結婚して、今は奥さんと二人暮らし。ナンデモくんをまるで自分の息子のように温かく迎えている。

ほかにナンデモくんの三人の友人——若手の公務員、中年の主婦、初老の居酒屋店主——が登場する。この三人については追って紹介することにする。

以下の八回にわたる対話はすべて先生の書斎でおこなわれた。そのおおよその流れをあらかじめ示しておけば、次のようになる。

第一章と第二章は作文に対する基本的なスタンスと、日本語の問題点の確認である。第三章と第四章は「読みやすい・分かりやすい」文章を書くためのポイントである「語順」と「読点」の問題を多角的に取り上げる。ここで説明されている「語順」と「読点」の「規則」をマスターすればかならず「達意の文章」が書けるようになる。第五章は日本語の大問題である「ハとガの関係」を作文の問題として捉え返す。第六章は長文〔悪文〕を仕立て直すテクニックの数々を披露する。第七章は、日本語の表現力を高めるために「かたい日本語」〔欧文脈〕と「やわらかな日本語」〔和文脈〕の双方向的書き替え〔和文和訳〕を練習し、硬軟雅俗の文章に対応できるしなやかな日本語力を養成する。最終の第八章は日本人に欠けている「段落」のセンスを養成する。段落は文章展開の基本単位（ミニチュア）である。段落をきっちり書くことが達意の文章につながる。

本書が問うているのは実用文の新しい可能性だ。時代が求めている「説得力のある」文章の要件は①簡潔であること、②明快であること、③具体的であること——この三つである。本書の狙いはこの三要件を満たす文章を書くコツを伝授することである。

＊

本書は『うまい！日本語を書く12の技術』（生活人新書、二〇〇三年）『日本語作文術』（中公新書、二〇一〇年）に次ぐ私の三冊目の作文術の本である。今回は練習問題（あるいは練習問題的問答）をたっぷり用意して、日本語の運用能力の開発を期した。

作文術の本を私が書き続けるのは、現代日本語の置かれた状況を憂えるからだ。明らかに日本人の日本語力は低下している。これで日本の将来は大丈夫なのかと、本当に心配になる。

末筆になってしまったが、本書が刊行されるにあたっては、ＮＨＫブックス編集部の井本光俊氏にいろいろお世話になった。氏との共同作業はこれで三度目になるが、今回も適切なアドバイスとコメントを頂戴した。本当にありがとう。

二〇一一年八月吉日

著者識

# 第一章●作文の心構え

## 書くとはどういうことか

**先生**　きみとしたことが、なにやら浮かない顔だね。
**ナンデモ**　このところ、書くとはどういうことなのかなって、疑問に思っているんです。
**先生**　また、どうした風の吹き回しかな。
**ナンデモ**　このところ学期末でレポートを書く機会が多いんです。また卒論のことも心配ですし。文章を書いているとき、頭の中でいろいろ考えたことをいざ言葉にしようとすると、とたんにうまく表現できない。ぐっと言葉に詰まってしまう。まともなことを考えていたはずなのに、それがどうしてもすらりと言葉にならない。情けない話ですが、まとまりのない、だらけた文章しか書けないんです。先生、これって、どういうことなんです。いったい書くとはどういうことなんですか。
**先生**　おやおや、これはまたいきなり大問題だ。どうしてうまく書けないのか。書くとはどういうことか。要するに、なぜ人間は書くのかという問題。うーん、これはなかなか難しい問題ですね。でも、答えはいくつか考えられる。次の三つです。

(1) 思想・知識を伝達するため
(2) 感情・気持ちを表現するため
(3) 考えを深めるため

**ナンデモ** (1)と(2)はなんとなく分かる感じがするんですが、(3)の「考えを深めるため」がいまいちピンと来ません。

**先生** なるほど、そういうこともあるかもしれない。それでは(3)はしばらく脇《わき》に置いといて、(1)と(2)について考えてみよう。

たとえば三島由紀夫はその『文章読本』のなかで「鑑賞的文章」と「実用的文章」という言い方をしています。それぞれ「芸術文」「実用文」と言い替えてもよい。つまり文章には「表現」を目的とする文章と「伝達」を目的とする文章、つまり自己表現型と情報伝達型とがあるということです。

**ナンデモ** 芸術文は自己表現型で、実用文は情報伝達型なんですか。一口に文章と言うけどタイプの違いがあるんだ。

**先生** ただね、芸術文と実用文には共通点もある。それは文章は読ませるために書くということです。これはもう間違いない。書くことは読まれることを前提にしている。

**ナンデモ** でも、先生、人に読まれることを当てにしない文章もあるんじゃないですか。たとえば日記とかメモとか。

**先生**　なるほど。でも果たして本当にそうだろうか。たとえ人に見せない日記やメモのような秘密の文章でも、少なくともあとで自分が読むことは想定されている。実際にはあとになって読み返す機会がなかったとしても、書いた当座はその気はあったと思うな。

**ナンデモ**　うーん、そこまでは考えませんでした。

**先生**　ところで、さっき挙げた(1)の「思想・知識を伝達するため」は情報伝達型文章、(2)の「感情・気持ちを表現するため」は自己表現型文章です。ナンデモくん、情報伝達型と言われてなにを思い浮かべます。

**ナンデモ**　そうですね、たとえばレポートや論文、マニュアル文、新聞記事、論説文、ビジネス文書などかな。

**先生**　自己表現型では？

**ナンデモ**　芸術作品、つまり詩や小説や戯曲……先生、エッセーとか手紙はどちらにはいるんですか。

**先生**　ほー、いいところに気がついた。そこへ評論もつけ加えようか。評論やエッセー、手紙の類《たぐい》はどちらにもおさまり切らない中間的なものと考えていいだろう。情報伝達が主になったり、自己表現が主になったり、まあケース・バイ・ケースというところかな。ここまでは、伝える内容に主に注目した。「なにを」が問題だった。

**ナンデモ**　え、まだほかになにかあるんですか。

先生　そうとも、形式の問題、つまり「いかにして」も考える必要がある。

ナンデモ　表現形式、書き方の問題ということですね。

先生　そう、文章は感動をどう伝えるか、情報をどう伝えるか、つまり伝え方も考えなければならない。感動や情報だけではどうにもならない。

ナンデモ　問題になるのはいかに上手に伝えるかですよね。

先生　もっときちんと言い直せば、いかに説得力のある方法で感動や情報を相手に伝えるかということ。芸術文と実用文では表現形式はたしかに異なるけれども、相手にその感動なり情報なりを進んで受け容《い》れさせるように仕向けるという点では共通だ。だから文章を書くとは要するに説得することなのだよ。

ナンデモ　へー、文章を書くとは説得ですか。

先生　説得という言葉に引っかかるのかな。

ナンデモ　ええ。

先生　それでは、ちょっと角度を変えて説明し直そうか。書き手が感動なり情報を相手に届けたいと考えるのは、それが本物であり有益であると判断したからだ。ということは書き手は自分の判定（鑑定書）を付して情報を発信しているということにならないかな。その鑑定書を信用するかしないかは相手しだい。その鑑定書が信用できると判断したとき、はじめて相手はその情報を受け容れる。だとすれば書くという行為は自分の判定（鑑定書）を相手に信用させることだと言えなくはない。言い替えれば自分の判定（鑑定書）に同意することを相手に求めることだ。「説得」という言葉を広く解すれば「文章は説得である」と要約できる。もう少しきちんと言い直せば、「文章とは人を説得するために書くもの、あるいは書かれたものである」ということになる。

文章が説得であるということをよく示す証拠がある。だれが話すかによって説得力は大きく変わる。立派な人だとか、偉い人だとか、専門家の書いたものは説得力がある。たとえば「時を得ぬ人は静かに待つがよい」（『道をひらく』）。どこかのオッサンが書いてもだれも耳を傾けないが、松下幸之助なら有難みが増す。人はこの文章の背後に松下のサクセス・ストーリーを読む。「人」は論証の一部さ。この事実に目をつけた論証はレトリックのほうで「人柄による論証」とか「権威による論証」とか呼ばれている。

**ナンデモ**　「文章は説得である」はたしかに情報伝達型の文章には当てはまるかもしれませんが、自己表現型の文章だと事情がちょっと違ってくるんじゃないですか。

**先生**　いや、そんなことはないよ。「感情・気持ちを表現するため」の場合でも、事情はまったく同じだ。書き手は受け手に、問題の「感情・気持ち」が「本物」であることを信じさせる、同感させる必要がある。もちろん、実用文と芸術文では表現の方法は違う。実用文はストレートに、芸術文は表現を凝らしながら。でも、その狙うところは同じだ。つまり「思想・知識」であれ「感情・気持ち」であれ、伝達は相手の同意・同感を前提にしている。こちらの発信したものに同意・同感するからこそ、読み手はそれを受け容れてくれる。人は同意・同感しないかぎり心を開かない。芸術文であれ実用文であれその消息はまったく一緒だ。文章を書くということの要点は「同意・同感を形成すること」です。

**ナンデモ**　説得というのはあの手この手を使って、相手をむりやり説き伏せるという、どちらかというと悪いイメージをぼくは今まで持っていました。でも、「同意・同感を形成する」ための説得という考え方もアリ、なんですね。

**先生**　そのとおりだよ。

**ナンデモ**　それで、あの先送りした(3)の「考えを深めるため」に書くはどうなるんですか。ぼくにはどうも腑《ふ》に落ちないのですけど。どうして書くことが考えを深めることにつながるのかなあ。

**先生**　きみはさっき、頭の中ではよくまとまっていた考えがいざ文章にする段になったら、とたんに取り留めのないものなってしまったという経験を語ってくれたよね。そうした経験は私にもよくある。でも、逆のケースもないかな。取り留めのなかった考えが書いていくうちにだんだん形をととのえて、まとまってゆく。そういう経験をしたことはない？

**ナンデモ**　どうかな、そんなこともあったかもしれませんが、よく覚えていません。そもそも書くということをきちんと考えたことなんて、最近までなかったから。

**先生**　まあ、普通はそうかな。実をいうと(3)の「考えを深めるため」も、見えにくい形ではあるけれども説得がからんでいる。そこに見られるのは「自己説得」です。自己説得とは耳慣れない言葉かもしれないが、これからしようとしている自分のふるまいを自分に納得させること、当のふるまいがするに値することを自分に保証することです。人がなにかを選択するときは、いつもこの自己説得がかかわっているものです。

　書くことは一種の選択です。自分の思いをいかに的確に言葉にするか。そこには言葉の選択の問題がある。自分に納得のいかない考えや言葉を修正しながら自分が満足できるようなものにしていく。自己と向き合いながら自分と対話する。つまり、書くことによって自分を説得していることになる。普通「推敲」と呼ばれている行為は、自己説得の最終段階を指している。思いをめぐらすということは絶えざる推敲にほかならない。自分をしっかり説得できたとき、考えが固まったと人は考える。

## 【心得1】書くとは「説得する」ことである

### 話すことと書くこと

**先生**　きみは先ほど考えていることがうまく言葉にならないもどかしさを話題にしたよね。

**ナンデモ**　ええ。

**先生**　よく考えてみれば、それは当然のことなのさ。考えたり、話したりしているときの言葉（話し言葉）と、書いているときの言葉（書き言葉）は同じ言葉だと思われているけれども、実はかなり違ったものなのだ。むしろ別であると考えたほうが当たっている。

話し言葉では文法的＝形式的に不備な文でも大手を振ってまかり通る。曖昧《あいまい》な文、不完全な文、尻切《しりき》れトンボの文、断片的な文など、なんでもござれだ。

ナンデモ　それじゃ、そんな不完全な表現でどうしてコミュニケーションがとどこおりなく成立するんですか。不思議だなあ。

先生　いや、不思議でもなんでもない。それはコンテクスト（発話場面）に大いに助けられているからなのさ。相手の言い方や仕草など人は話すときに実にいろいろなもの、つまり言葉以外の情報を利用している。日常会話では非言語的コミュニケーションが六五パーセントも占めているという、そんな研究報告もある。

ナンデモ　へー、驚いた。日常会話ではそんなに言葉の比重が軽いんですか。

先生　そうなのさ。コンテクストはいろいろな情報を発信している。たとえば会話ならば「例の件、お流れさ」と言えば済むところを、文章では「せっかく苦労して立ち上げたあのプロジェクトは、社長の鶴《つる》の一声で取り止めになってしまった」という具合にいちいち言葉にしなければならない。書くことに伴う、あのおっくうさや煩わしさ、あれはこの、うっとうしい言語化のプロセスに対する拒絶反応さ。書くことはコンテクストが代弁してくれていたメッセージをきちんと言語化することなのだ。

ナンデモ　なーるほど、そうか、そういうことか。話し言葉と書き言葉は別なものだったのか。

先生　そういうことだよ。しかしながら、話し言葉と書き言葉を分けるのはそれだけではない。もっと根本的なものがある。それは拠《よ》って立つ「文法」の違いさ。つまり話し言葉と書き言葉は同じ国語でありながら、別のタイプの言語と見なす必要がある。それほどそのへだたりは大きい。もっとも、これはなにも日本語にかぎった話ではない。どこの国語の場合でも事情は同じだ。たとえばフランス語。私はフランス語教師になって数年後、三〇歳のときにフランスに留学した。はじめの頃、私のしゃべるフランス語がおかしいと宿のマダムにしきりに注意された。文章のようにかたいフランス語を話すというのだ。今では考えられないことかもしれないが、あの当時のフランス文学科では口語フランス語をきちんと教えてくれなかった。読まされるのは高級な文学作品ばかり。だから私はテキストで読んだとおりのフランス語を口にしていたというわけです。

**ナンデモ**　先生、どうしてそういう違いが出てきてしまうのですか。興味あるなあ。ひとつ分かりやすく説明してくれませんか。

**先生**　当然の疑問だよね。およそ文字をもつ言語であれば、こうした話し言葉と書き言葉のずれは多かれ少なかれ見られる。なぜか。言語学のほうでは「経済性」とか呼んでいるが、音はどんどん変化していく。簡単でお手軽なほうへと。たとえば遠い昔の日本語にはエとオはそれぞれ二つの音があった（文字表記では「お」と「を」、「え」と「ゑ」で区別した）。二つの音を発音し分けるのは煩わしいので、いつのまにか一つになってしまった。そのため多少単語の区別などに不便が生じたが、楽になったぶん我慢しようということになる。要するに、手抜き・ものぐさの論理ですよ。

それにひきかえ文字をいじったり取り替えたりすることは、日常生活にいろいろと支障が出てくる。そのためよほどのことがないかぎり手をつけない。というよりか、つけられない。だから書き言葉は「保守的」たらざるをえない。時の経過につれて話し言葉と書き言葉はしだいにかけ離れていく。話し言葉と書き言葉――この二つは別の言葉なのです。

**ナンデモ**　そういうことだったのか。それで納得です。

## 【心得2】話し言葉と書き言葉は似て非なるもの

### 日本語は非文法的か

**先生**　それはそうと、話し言葉と書き言葉は別であるということは日本語以外のほかの言語にも見られますが（日本語は両者のへだたりが著しいけれども）、しかしながら日本語に特有な性質もあります。統語構造（構文）がゆるくて単純なことです。ヨーロッパ語の基準で判定すると日本語はいろいろと文法的にルーズで、アバウトな言語です。この点をとらえて、日本語を「非論理的」とか「非文法的」とか非難する人たちがいます。欧米かぶれの知識人によく見られるケースです。

**ナンデモ**　でも、そうはいっても、フランス語は日本語よりは明晰《めいせき》な気がします。第二外国語でフランス語をちょっぴりかじっただけなので偉そうなことは言えませんけど。それに先生は今、日本語のゆるい単純な統語構造とか、日本語は文法的にルーズでアバウトな言語とかおっしゃっていましたよね。明晰さの問題はそのこととどうつながるんですか。

**先生**　私に言わせれば、どの言語も固有の長所と短所を持ち合わせている。ヨーロッパ語と日本語の優劣を論じても、しょせん意味がない。日本語はたしかに融通がきいて、取り扱いが楽な言語です。でも、その美点がかえって仇《あだ》にもなる。日本語のゆるやかな文法に甘えて書けば、結果として曖昧で分かりにくい文章ができあがる。これは日本語が「非論理的」とか「非文法的」とかとはまったく次元の異なる問題です。あくまでも言語使用者の心構えの問題、さらに言えばそうした言語を許容する文化の問題です。

フランス語は明晰な言語であると一般に考えられています。「明晰でないものはフランス語ではない」という一八世紀の文学者リヴァロルの有名な言葉もある。でも、フランス人でも会話の場合はかなりいい加減な話し方をする。たしかに日本語と比べると、フランス語はコンテクストから自立している。それは事実です。しかしながら、フランス人と日本人が決定的に異なる点は、書き言葉を使うときに顕著になる。フランス語は書き言葉ではきちんとした書き方を要求する。文法的に正しい、明晰なフランス語を書くようにフランス人は心がける。フランスの社会では曖昧な文章は許されないからです。フランス語が論理的で明晰なのではない。フランス文化が論理性と明晰性をよしとするのです。

## 【心得3】文章の明晰さは書く人の心がけしだいである

**言いおおせて何かある**

ナンデモ　話をうかがって、フランス人とフランス語の場合はよく分かりました。それでは、先生は日本人と日本語についてはどんな考えをお持ちなんですか。

**先生**　私の見るところ日本人は日本語に甘えている。あるいは日本文化が日本人を甘えさせていると言ったらいいのかな。なぜこんな風になってしまうのか。それは、日本人どうしの会話ではきちんと言わなくても、言外の意味をくみとってもらえるからなのさ。論理的にきっちりと表現すると、かえって「理屈ぽい」「理屈をこねる」と煙たがられる始末。言い切るのは野暮《やぼ》で、ほのめかすのが上品とされる。こうした日本的美意識をよく体現しているのが、松尾芭蕉の「言いおおせて何かある」(『去来抄』〈先師評〉)でしょう。

**ナンデモ**　「言いおおせて何かある」ってどういう意味なんです。

**先生**　俳句ではすべてを言い尽くしてはいけない、すべてを言ってしまったらおしまい、身も蓋《ふた》もないという意味で、芭蕉が弟子の去来に言った言葉です。こうした考え方は俳句にかぎらずほかの芸術全体にも当てはまる。世阿弥《ぜあみ》も「秘すれば花なり。秘せずば花なるべからず」と言っている。「余情」とか「余韻」とか「余白」が高級であるという伝統が日本文化には脈々と底流している。「以心伝心」「不立文字《ふりゅうもんじ》」はその極致さ。こういう「寡黙の」文化が可能だったのは、日本がぐるりを海に囲まれ、大陸と付かず離れずの地理的条件に恵まれていて「一民族一言語一国家」の幻想を結べたからでしょう。

**ナンデモ**　でも、それって「今は昔」ですよね。日本も日本を取り巻く情勢も、以前とは大きく変わってきたし、日本人が決して等質的でないこともだんだん分かってきたし。

**先生**　きみの言うとおりさ。国際化《グローバリゼーション》の荒波が澎湃《ほうはい》と押し寄せている。日本人はウチとソトに対して「分かってもらう」「理解してもらう」必要を痛切に感じるようになった。これまでのような「甘え」は許されない。これからは「分からせる」「理解させる」努力をしっかりとしなければいけない。

**ナンデモ**　そのせいですか、ここにきて「論理的な話し方」だとか「論理的な書き方」だとか、ロジカル・シンキングとかが求められるのは。ぼくらも授業でもっときちんと話しなさいとか、論の展開がなってないとか、よく注意されます。これって頭では分かっているんですが、でも実際にはなかなか思うようにいかないんですよね。どうしてなのかなって、つくづく考えてしまいます。

**先生**　それはね、さっきも言った「甘え」のせいさ。日本語の書き言葉は話し言葉に寄りかかりすぎている。日本人は話すように書いている。あるいは話すように書こうとしている。そこからいろいろな戸惑いや混乱が生まれてくる。説得力のある首尾一貫した文章を日本人が書くことが苦手なのはその手抜きが原因だ。

誤解されると困るのだが、私はちっとも、日本語が非論理的だとか、非文法的だとか考えていない。なるほど日本語は、油断すると曖昧な文章になりがちな「柔軟な」統語構造（構文）をもっている。たとえば自由な、というよりか自由すぎる語順。意味的にまとまった文節はどんな順序で並べてもかまわない。助詞の「は」は遠くへかかっていけるので「主題」と「述語」のあいだにいろいろな文節が割り込んでくる。その結果、文が複雑になったり、長くなったりする。日本語のゆるい統語構造はだらだらした締まりのない悪文の温床になりやすい。しかしそれはちょっと注意すれば、なんなく回避することができる（その処方箋の伝授が本書の大切な目的の一つ）。読みやすい、分かりやすい日本語を書けないのは、少しは日本語のせいかもしれないが、大部分は習慣（心構え）のせいだ。

今いちばん日本人に求められていることは、日本語への甘えを絶つことです。日本語を、いったん突き放して外国語として捉え返すことです。

### 【心得４】書き言葉は「外国語」である

### 読み手とどう向き合うか

**ナンデモ**　日本語を「外国語」として捉え返すってことは、作文術ではどういうかたちで問題になるんです。そうか、分かった。英語やフランス語のような書き方をすればいいんだ。要するに翻訳調で書けばいいんですよね。

**先生**　まあまあ、そんなにせっかちにならないで。急《せ》いては事を仕損じる、という言い方もありますよ。翻訳調など具体的な書き方の問題は別の機会にゆっくりと話題にすることにしよう（第七章参照）。今はそのずっと手前の問題に注目したい。それは「読み手」と「文」とに対する日本語のスタンスの問題です。

まず読み手の問題から考えることにしよう。

日本語の話し言葉はあまりにもコンテクスト（発話場面）にもたれかかっている。こうした甘えが出てくるのは聞き手を信頼し当てにしているからだ。それが書く場合にも持ち込まれて、言葉で表現すべきことを飛ばしてしまうことになる。そこには言い落としても、受け手が推測して補ってくれるから大丈夫だという発想が見られる。こうした油断は話し言葉では許されるかもしれないが、書き言葉ではそうは問屋がおろさない。

話し言葉ならコンテクストが提供してくれる情報でも、書き言葉はいちいち言葉にする必要がある。つまり読み手を当てにしてはいけない。分かってくれる、理解してくれると考えてはいけないのだ。分かってもらえるように、理解してもらえるように、こちらできちんとお膳立《ぜんだ》てをととのえる。読み手は自分の文章をどう読むだろうか。理解してくれるだろうか。自分の書いている文章を読者の目線で捉え返すこと、読者の身になって自分の文章を見直すことが求められる。

**ナンデモ**　う－ん、これは耳に痛い言葉だなあ。くやしいけど、そのとおり。これからは読み手のことも考えようっと。

**先生**　ぜひ、そうするといい。ただ、ここで特に注意しておきたいことがある。それは、自分が当然だと思っていることでも、相手にとっては必ずしもそうではないということ。だから、くどいくらいに説明する。具体的な例を挙げる。数字で示す。喩《たと》えてみる。私たち日本人は「和をもって貴しとなす」というすばらしい伝統のせいで、いささか相手を当てにしすぎた、信用しすぎた嫌いがある。

## 【心得5】 読み手の身になって書く

### 作文を考え直す

**ナンデモ** ものを書くっていうのは、なかなかしんどい作業なんですね。いろいろ構えてかからないといけないし……。

**先生** そこ、そこだよ。そんなふうにいろいろ構えてしまうからいけないのさ。自然体でいけばいいのだよ。自分の思いが相手に届くことだけを考える。ほかの余計なことはいっさい考えない。うまい文章を書こうだとか、独創的な文章を書こうだとか、味のある文章を書こうだとか、そんな高望みはいっさい捨て去ることだ。

**ナンデモ** でも、ぼくたち、学校で人とは違ったオリジナルな文章を書けと教えられてきましたけど。それは間違いなんですか。

**先生** もちろん間違ってはいない。ただ、それは真理の一面ではあるけれども、すべての文章に当てはまるわけではない。実用文では独創性は特に必要ない。独創性が問題になるのは芸術文です。人をうならせるような文章を書くのは、身も蓋もない話になるけど、まあ、持って生まれた才能さ。センスの問題さ。こればっかりは逆立ちしてもどうにもならない。ほら、きみの周りにもいるでしょう、成績はパッとしないのに字を書かせたら見事な字を書く人が。

ナンデモ　あ、いる、いる。

先生　文才も同じさ。私もこれまで何人も文章のうまい人を知りました。ほれぼれするような文章をさらさらと書いてしまう。くやしい思いを何度も味わいました。ただね、諦《あきら》めることもない。作文はスポーツと共通点がある。努力すればあるところまでは高めることができる。もっとも、その先はさっき言った才能やセンスの問題になるけどね。

私はこう見えてもスポーツは好きでね。昔テニスをやったことがある。そのとき一緒にはじめた大学の同僚は運動神経がとても鈍かった。はじめのうち飛んでくるボールを打とうとすると空振りする。卓球ならば納得だが、あんなに大きなラケットなのにどうしてと、私は不思議に思った。ただ、その同僚は実に練習熱心だった。信じられないような状態からスタートした同僚はその後めきめき腕をあげて、いつのまにか私よりはるかにうまくなった。ついにはテニスの市民大会に挑戦するほど上達しました。

作文の場合も同様です。努力すればそこそこの地点まで届きます。

ナンデモ　それを聞いてほっとしました。それでも、ただやみくもに努力するよりはしっかりした方針に従って練習・修練したほうが効果的ですよね。なにかいいアドバイスはありませんか。

先生　いくつかありますね。まず「形からはいる」ことが大切です。作文は「文を作る」のではなくて「文を借りる」のです。下手な洒落《しゃれ》ですみませんが、「作文は借文である」。書くことは「引用」なのです。

ナンデモ　あれ、難しい話になって来ましたね。

**先生**　いや、当たり前のことを言っているつもりですよ。そもそも人間が話したり書いたりするとき使う言葉はすでにあるものです。単語も言い回しもすでに存在しているものを使う。なるほど新しい言葉や表現が生まれることはあるが、そう滅多《めった》にあるものではない。それは独創的な思想家や文学者の仕事です。人びとが使っているのはすべて手垢《てあか》にまみれた言葉です。

　私たちが普通に使っている言葉は広義に解すればすべて「慣用句」「常套句《じょうとうく》」「決まり文句」などと呼び習わされているものでしかない。これらをまとめて私は「定型表現」と呼んでいます。世間の文章指南書は定型表現を目の敵《かたき》にしているが、私は定型表現に積極的な価値を認めています。月並みで平凡だからこそコミュニケーションがなめらかにおこなわれるのです。表現が目新しかったり変わったものだったら、そこに注意が集中しコミュニケーションが滞ってしまいます。

　実用文では「情報」の受け渡しこそが第一なので、それを阻むものはなるべく排除すべきです。だから文章はちょっぴり古めのほうがまっすぐ相手に届く。実用文では、定型表現のリサイクルをいかにうまくこなすかがポイントになる。その意味で、定型表現を見直す必要があると私は考えている。多くの人びとが使ってきた表現は大切にしたいものです。でも、どうも最近の若者は慣用句を知らないね。きみはどうなの。

**ナンデモ**　ぼくもその口です。本をあんまり読まないせいかな。どうしたらいいんだろうか。

**先生**　慣用句辞典を一冊購入するといいよ。いろいろ出まわっているけど、小型のもので十分。そうだ、辞典といえば、いい文章を書くにはとにかく辞書をこまめに引くことが大切だよ。こっちの考えていることを相手にちゃんと伝えるには、正確な言葉づかいをしなければいけない。知らないから引くのではない。知っている（と思い込んでいる）言葉をもっとよく知るためにも、辞書は引かなければならない。ちょっとした手間を惜しんではいけない。

## 【心得6】定型表現を見直そう

### 手本は小説家の文章

**先生**　辞書といえばいま思い出したが、文学者になるための一番いい修業法について永井荷風がこんなことを言っていた。「大学などに入る必要はない」「鷗外全集と辞書の言海とを毎日時間をきめて三四年繰返して読めばいい」と。この助言はあわただしい現在では悠長すぎるかもしれない。でも、作文の勉強法として私はこの方法をおすすめする。

文章上達の王道はいい文章をたくさん読むことだとはよく言われる。もっともこう言われても雲をつかむような話で、なにを読んだらいいのか途方に暮れてしまうけど。独断の誹《そし》りは覚悟の前だが、「文章上達の秘訣《ひけつ》は森鷗外と谷崎潤一郎の文章をなるべく多く読むことだ」と、私はつねづね自分にも言いきかせ、また人さまにも言ってきました。

鷗外の折り目正しい日本語は汎用性《はんよう》が高い。現在でも実用文の手本として立派に通用する。その簡潔な文章は、短い文のリズムを体得するのに向いている。『即興詩人』と『澀江《しぶえ》抽齋《ちゅうさい》』が特におすすめ。でも、ちょっと腰が引けるというなら短篇《たんぺん》小説や短い評論――「サフラン」「歴史其儘《そのまま》と歴史離れ」「空車《むなぐるま》」「なかじきり」など――を読むといい。

鷗外が短い文のお手本なら、谷崎は長い文のお手本で、長い文のリズムを知るのに絶好です。長い文の美質を知ることは、短い文を書く上でもたいへん参考になる。『細雪《ささめゆき》』もいいけど、実用文という観点からは評論の『陰翳礼讃《いんえいらいさん》』が一押しかな。谷崎の文章はとても論理的です。

**ナンデモ**　え、本当ですか。題材はすごく日本的ですよね。たとえばいま名前の出た『細雪』なんか。

**先生**　たしかに、関西に在住するようになってからは日本的題材が目立つが、若い頃はずいぶんハイカラだった。今の谷崎評は私だけの意見ではなくて丸谷才一《まるやさいいち》も同じことを言っています。丸谷は自分の『文章読本』を谷崎の同名の書物への賛辞《オマージュ》ではじめている。そこで指摘しているとおり、谷崎の文章は題材こそ日本的なものを扱っているものが多いが、本質的には非常に論理的で明晰な文章です。丸谷は、谷崎の文章を「最も上質な欧文脈で書」かれているとも評しています。そして友人の日本文学研究家ドナルド・キーンが現代日本文学のなかで谷崎をいちばん読みやすい作家として挙げたこと、またそのコメント「曖昧なところがちっともなくて、頭にはいりやすいのだそうな」を紹介しています。

**ナンデモ**　英語を母語にしている人がそんな反応を示すなんて意外です。驚きです。でも、鷗外と谷崎ではぼくには荷が重すぎます。もう少しぼくたちに近寄りやすい手本はありませんかね。

**先生**　鷗外と谷崎は敬して遠ざけたいのなら、芥川龍之介からはいるのも一つの手かな。作品も多くないし、短篇がほとんどだし。

**ナンデモ**　実用文の手本として先生が挙げられたのはみんな文学者ですよね。それでいいんですか。

**先生**　鷗外や谷崎、芥川ではいくらなんでも文学的すぎるというわけか。それは、きみ、短慮というものさ。すでに指摘したように「文章は説得である」という観点からは、芸術文も実用文もない。それに、現代日本語を作り上げてきたのは明治時代の言文一致運動以来の文学者ですよ（ちなみに「言」は話し言葉、「文」は書き言葉のこと）。いま名前を挙げた丸谷が「明治維新以後の小説家たちの最高の業績は、近代日本に対して口語体を提供したことであった」と言っています。要するにいい文章はいい文章なのです。迂遠《うえん》なようでも、つまらない現代文を読むよりは極上の文章を味読するほうが日本語の表現力は確実につく。だまされたと思ってぜひ実行してごらんなさい。

**ナンデモ**　はい、分かりました。さっそく芥川をしっかり読みたいと思います。

**先生**　あ、そうだ、さっき「短い文のリズム」「長い文のリズム」という言い方をしたよね。リズムなんて詩の世界のことで、散文の世界には関係がないと思い込んでいる人も多いにちがいない。だが、それは誤解というもの。文章は意味だけではなく音も大切です。ここで言うリズムは耳に快い七・五調や五・七調のことではない。メリハリのある文章は説得力を高める。書き終えた文章はかならず声に出して読んでみるといい。できれば人に読んでもらい、自分の耳で確かめるのがさらによい。読みづらい個所《かしょ》、聞きづらい個所はたいていい文の組み立てか、言葉づかいかに問題がある。文章の欠陥が一読、いや一聴瞭然《りょうぜん》となること受け合いです。

**ナンデモ**　先生、ちょっとお願いの筋があるんですけど。

先生　おや、また改まってなにごとかね。

ナンデモ　今日聞かせていただいた日本語や作文についての話、とてもためになりました。それで、もし先生さえよろしければ、続きを聞きたいなあと思ったんです。

先生　きみにそう言われては無下に断るわけにもいかないな。それに実をいうと、ちょうどうまい具合に本を書く予定がある。その準備も兼ねて文章技術をめぐるレッスンということでよければ、きみの申し出に応じましょう。週に一回、今日と同じく土曜日の午後ということでは?

ナンデモ　いいも悪いもありません。それはもう願ったり叶《かな》ったりです。

先生　それでは、来週は日本語についてもう少しまとまった話をすることにしよう。

## 【心得7】書き終えた文章はかならず声に出して読み直す

# 第二章●日本語のポイント

## 日本語は特殊な言語か

先生　あらかじめ断っておくけど今日は文法的な説明がちょくちょく出てくるからね、そのつもりで。
ナンデモ　文法は苦手なので、なるべくお手柔らかにお願いします。
先生　よーく分かっている。必要最小限にとどめるよ。それではまず次の文章を読んでもらえるかな。

正木一郎は一流商社に勤める有能な社員である。正木は五時に某産業の専務、北村春樹とホテルのロビーで会う手筈《てはず》になっている。エリート社員は今度の大きな商談をぜひ成功させたいと意気込んでいる。彼はそのことで自分の職場での存在感をアピールしておきたいのだ。海千山千の客を今夜どこでもてなすか、やり手の商社員は、その問題であれこれと思案をめぐらしていた。（作例野内）

読んでみてどんな印象をもったかな。

**ナンデモ**　そうですね。なにかちょっと持って回ったような、まどろっこしいというか、そう翻訳小説を読んでいる感じかな。

**先生**　バタ臭い日本語というわけだ。

**ナンデモ**　バタ臭い？

**先生**　西洋風な物を、「バターの臭《にお》いがする」という意味を込めて「バタ臭い」と表現するのだが、今の若い人はあまり使わないか。それはともかく、多少の抵抗感、あるいは違和感が感じられるというわけか。そう感じるのはもっともだ。実をいうとこの文章には日本語とヨーロッパ語の違いが隠されている。その違いを私たちは無意識に感じ取っている。読むぶんには無意識のままでも、まあ済まされるかもしれないが、すっきりとした、あるいはカチッとした文章を書くためにはその違いを認識しておく必要がある。作文の上達のためには日本語の特質をしっかり押さえておかなければならない。

　ところで、ナンデモくんにおたずねしますが、「達意の文章」という言い方を知っているかな。

**ナンデモ**　え、タツイですか。

**先生**　知らないか、やっぱり。「達意」の「意」は「思い」、「達」は「達する」、つまり「意を達する」、自分の思いを相手に伝える、届けること。（手もとの辞書を読む）「自分の考えが十分に相手に理解されるように表現すること」（『大辞泉』）。達意の文章を「説得力のある文章」と私は理解している。読みやすい、分かりやすい文章を書くためにはどうすればいいのか、どういうことに注意すればいいのか、その問題をこれからじっくりと考えることにしよう。
しっかりした文章を書くためには、まず日本語の特質をきちんと押さえておかなければならない。ここまでも大まかには見渡してきたけれども、もっとしっかりと見とどける必要がある。
それでは、あらためて日本語の特質を取り出そうとすると、それはいったいなんだろうか。だが、この設問に答える前に、世に流布している誤解をあらかじめ取り除いておかなければならない。

**ナンデモ** どういう誤解ですか。あ、そうか。このまえ問題になった「日本語は非文法的で非論理的」という、あれですか。

**先生** 曖昧な日本語についての私の意見はすでに披露しました。まだ別の誤解があるさ。多くの日本人は日本語はごくごく特殊な言語であると思い込んでいる。どうです、きみなんかもそうなのでは?

**ナンデモ** や、図星です。漢字、平仮名、カタカナを使い分けたり、複雑でややこしい敬語法があったり、さぞや外国人はとまどうんじゃないですか。

**先生** 日本人は自国の言葉にかぎらず自国の文化もごく特殊なものと考えたがる。フランス人なんかは、フランス文化は普遍的なものなのだから誰もが受け容れて当然だと考えている。外国人でもフランス文化に貢献した人はフランス人と見なす。たとえば帰化する前から藤田嗣治《ふじたつぐはる》をフランスの画家と考えていた。フランス文化は実に育て上手で、来るものは拒まず、外国人をどんどんフランス人にしてしまう。フランスにかぎらずどこの国でも、たいていは自国ものが一番だと考えるものさ。それが人情というもの。ところが日本人はそうではない。日本語をリュウチョウに話す外国人を目にすると「変な外人」と反応する。欧米人だったら（それに中国人も）自分たちの言語が評価されたと考えて喜ぶはずだ。日本人の反応は実におかしい。教養のある人でもそうです。

なぜこんな妙な発想が日本人に見られるのだろうか。明治以来、日本人の文化的参照先がもっぱら欧米に求められたからだ（明治以前は中国）。文字表記を別にすれば、日本語は文法的にそれほど特殊な言語ではない。というよりか五つの母音、「主語・目的語・動詞」の語順、「弱い」主語などをもっている点で多数派の言語だ。むしろ、われわれによく知られたヨーロッパの主要言語、英語、ドイツ語、フランス語、スペイン語、イタリア語などのほうがごく特殊な言語なのです。

では、それなのになぜ日本人は日本語を特殊な言語と思い込み、言語的なコンプレックスさえ抱くようになってしまったのか。これには近代日本が背負い込んだ文化的背景が指摘できる。この問題については、世界各地の一三〇もの言語を対象にした言語類型論的検証を踏まえて角田《つのだ》太作《たさく》が次のように要約している。

> 明治維新の後、日本人は西洋の国々から学問、技術、法律制度、その他を学び、その時、それらの国々の言語も学んだ。英語、独語、仏語等の西洋の言語は、全て、印欧語族と呼ぶ語族に属している。これらの言語は非常によく似ている。例えば、語順の面でもよく似ている。一般疑問文〔yes / no で答える疑問文〕を作る際に倒置を用いる。又、これらの言語では主語が強く、仮主語もある。当時の日本人は、これらの言語と日本語を比べた時に、これら、先進国の言語は互いによく似ているのに、後進国の日本語だけ違うので、日本語は特殊な言語である

と思ったのであろう。（当時の人達は、一般疑問文での倒置や、主語が強いことが、珍しい現象であることは、知らなかったのであろう。）（『世界の言語と日本語——言語類型論から見た日本語（改訂版）』、〔　〕は野内）

**ナンデモ**　へー、びっくりしたな、もーです。日本語は特殊な言語じゃないんだ。むしろ欧米語のほうが例外なんですか。

**先生**　そういうこと。日本人はなにもコンプレックスなんか持つ必要はなかった。まあ、それだけだったら、ゆゆしき問題にはならずに済んだのだが……。

**ナンデモ**　ほかにもなにかあったんですか。

**先生**　そうなんだよ。実に困ったことに、「国文法」を作り上げようとしたときに「先進国の言語」、とりわけ英文法をお手本にした。そして無理な鋳型に嵌《は》め込むように、日本語を英文法に当てはめようとした。その結果、「国文法」は日本語の実態にそぐわない偏頗《へんぱ》なものになってしまった。

**ナンデモ**　偏頗なもの？

**先生**　たとえば、あとですぐ問題にするけど、ヨーロッパ的な「主語」の考え方を安易に日本語に持ち込んでしまった。そのために日本語の本質を捉えそこなった。その反省もあってか近年、日本語の実態に即した文法理論を構築しようとする新しい動きが見られるようになった。たとえば時枝《ときえだ》誠記《もとき》の「言語過程説」に基づく国文法です。時枝は発話者の主体性を重視し、「詞」（実質的な内容をもつ名詞・形容詞・動詞などの品詞）に対して機能語である「辞」（助詞・助動詞など）に注目した。

特に文末助詞の「辞」の働きに日本語の特質を見た（あとで問題にするように日本語は文末が大切）。

こうした動きじたいはたしかに慶賀すべきことです。しかしながら日本語の自立性＝独自性を追求するのに急で、ややもすれば日本語を「特殊な」言語と位置づけようとする、これまた困った行きすぎが見られなくもない。

**ナンデモ**　行きすぎって、具体的にはどんなものですか。

**先生**　たとえば三上章《みかみあきら》という人がいます。晩年には大学の教師になりましたが、長いあいだ中学・高校の数学教師を勤め、いわば学会とは無縁の在野の研究者として活躍しました。その研究成果、特に「は」の研究は金字塔とも言うべきものです。ただ、その「主語廃止説」は明らかに行きすぎです。現代日本語では主語（主格）は昔よりも強くなっている。日本語は明治以来、急激で大きな変化をこうむった。

こうした日本語の変化は文法の問題にとどまらない。作文術にも深い関係があります。いま私たちの目の前には漢文脈・欧文脈に由来する「かたい日本語」と古来の大和《やまと》言葉からの長い伝統をひきずった和文脈に由来する「やわらかな日本語」が併存している、というよりか混在している。この両者の違い、またそれぞれの長所・欠点をしっかりと見とどけ、その成果を作文術のなかに取り込むことが焦眉《しょうび》の課題です。

しばらく、ヨーロッパ語を視野におさめた日本語論が続くけど、我慢して聞いてください。その日本語論は実は作文論でもあるのだから。

**ナンデモ**　よく分かりました。しっかり聞きます。

**先生**　ある意味ではヨーロッパ語（英語・フランス語）は日本語と対蹠《たいしょ》的な言語です。ヨーロッパ語と比べたときに浮き彫りにされる日本語の特質とはいったいなんだろうか。話を分かりやすくするために、はじめに結論を言います。次の五つです。

(1)　コンテクスト（発話場面）に依存する
(2)　必要なことしか言わない
(3)　主語は脇役（補語）でしかない
(4)　統語構造（構文）がゆるやか
(5)　主観的である

## 日本語は必要なことしか言わない

**先生**　それでは順を追って見ていくことにしよう。

たとえば愛の告白の場面を思い浮かべてみる。日本語では「わたしはあなたを愛しています」（I love you. / Je vous (t') aime.）と言うかな。

**ナンデモ**　絶対に言いませんね。日本語のできる外国人なら言うかもしれないけど。せいぜい「（あなたのこと）愛している」「（きみのこと）好きだ」どまりかな。

**先生**　「わたし」はもちろんだが、「あなた」とか「きみ」が問題になっていることはコンテクストから分かるから普通は落とすよね。この場面で相手に届けたい情報は「愛している」「好きだ」ということだ、だからそれだけを口にする。それも、ぼそっと。たいていは視線とか仕草といった言語外のコミュニケーションに訴えるはずです。

今度は少し違った場面を考えてみよう。たとえば二人の学生が会話している。

| |
|---|
| A「留学する」<br>B「え、おまえが？」<br>A「いや、山田が」<br>B「へー山田がね。知らなかった」 |

ここでは話の展開がまったく別になるが、必要なことしか言わないという基本線は変わらない。日本語の文は述語（この場合は「留学する」）がありさえすれば立派に成立する。Aはコンテクストから「だれが」を言う必要はないと判断した。だが、案に相違してその判断は間違いだった。主語が特に示されなかったので、BはとうぜんAのことだと判断した。Bの対応はまともです。ただ、「おまえが留学するの？」と問いただしていない点に注意してください。やはり必要なことしか口にしていない。そしてAは「え、おまえが？」を受ける形で、必要な情報である「山田が」を追加するだけです。

ナンデモ　本当だ。指摘されてはじめて気がついた。実際の日常会話って隙間だらけなんですね。

先生　そうなのさ。日本語の会話（話し言葉）はコンテクストに寄りかかりながら「必要なこと」しか言わない。そういう暗黙の了解がある。コンテクストから「推し量られること」はわざわざ言葉にしない、これが日本語の発想（論理）です。この日本語の「相手の知らないことだけ言えばいいという習慣」を大野《おおの》晋《すすむ》は「一つの知恵である」と評価しています（『日本語について』）。

## 【心得8】日本語はコンテクストから分かることはいちいち言葉にしない

### 日本語は述語以外は補語である

先生　さあ、ナンデモくん、ここまで話したことからなにが言えるかな。

ナンデモ　必要でなければ言わなくていいのですから、日本語はずいぶん省略が多くなりますよね。さっきの例文「留学する」には主語がなかった。英語ならこんなことは許されない。基本五文型を習いましたが、英語なら主語があり、動詞があり、動詞によっては目的語や目的補語も必要です。

先生　そうだよね。ということは、日本語は英語に比べて文の構造（構文）がゆるやかであるらしい。それだけではない。実をいえば日本語は述語がありさえすれば文がちゃんと成立する。ヨーロッパ語が「主語―述語」の二本立てなのに、日本語は「述語」一本立て。述語が中心的役割を果たしている。述語が主役なのだ。だから、英語の基本文型にならって言えば日本語の基本文型は、述語になにが来るかに基づいて分けることができる。次の三つです。

(1) 名詞文（形容動詞も含める）：大学生だ。きれいだ。
(2) 形容詞文：美しい。
(3) 動詞文：買った。

**ナンデモ**　話の腰を折るようで申し訳ないのですが、いま「形容動詞も含める」と言いましたよね。

**先生**　それがなにか……。

**ナンデモ**　形容動詞は国語の時間にたしかに習った覚えはあるんですが、いまだによく分かりません。説明していただけると有難いんですが。

**先生**　そういうことか。お安い御用だ。形容動詞の見分け方は簡単。チェック・ポイントは「な」をつけて名詞を修飾できるかどうか。日本語教育では形容動詞を「な形容詞」と呼んでいる。「形容動詞」という呼び方は活用が動詞に似ているからという点に目をつけたネーミング。「きれいな」の活用は「きれいだろう」（未然）、「きれいで」（連用）、「きれいだ」（終止）、「きれいな」（連体）、「きれいなら」（仮定）となる。このネーミングは誤解を招く完全なミスマッチです。この品詞の実際の用法は形容詞と名詞を兼務していると考えたほうが分かりやすい。本当は『日本語の構造』の中島文雄にならって「形容名詞」と呼ぶべきです。これからも「形容動詞」はちょくちょく出てきますが、「形容名詞」と読み替えてください。

形容動詞のなかには名詞とまぎらわしいものがけっこうあります。そのときも「な」をつけてみればいい。「戦争と平和」とよく対にして使われるけど、「平和」は形容動詞、でも「戦争」は「戦争な国」とは言えないから単なる名詞。名詞のなかには形容動詞としても使われるものが多くあるから要注意です。

**ナンデモ**　でも、すごくためになりました。

や、だいぶ形容動詞で手間どってしまった。

**先生**　それはよかった。話を本題の日本語の基本文型にもどそう。

たとえば(2)の形容詞文「美しい。」を考えてみよう。英語のbeautifulはこれだけでは基本文型にはならない。しかし、日本語の「美しい。」は一語でれっきとした「文」です。「美しい。」は「美しくない。」「美しかった。」「美しいだろう。」などと同じ資格の「文」なのです。つまり日本語はかなりシンプルでアバウトな言語だということです。融通無碍なと言ってもいいかな。もっともらしい言い方をすれば、統語論的に日本語は柔軟な構造をもっている。

**ナンデモ**　日本語の述語は落とせないんですか。

**先生**　普通はね。ただ、コンテクストからとうぜん推測できるときは省略してもかまわない。ほら、さっき「いや、山田が」という例文があったじゃないか。「留学する」という述語は言うまでもないから飛ばしたわけ。

それではこれから、日本語の融通無碍な、述語一本立ての「柔軟な」ありようを例に照らしながら見ていこう。

彼は／三〇代の初めに／言語学を研究するために／アメリカの東部の大学に／二年間／留学した。

ここで絶対にはずせないのは最終文節の「留学した」です。述語だから、これをはずすと日本語ではなくなってしまう。これ以外の文節はコンテクストしだいで取り外しができる。

「だれが」が問題なら「彼が留学した」と言えばいい。「いつ」が問題なら「三〇代の初めに留学した」と言えばいい。「どこ」が問題なら「アメリカの東部の大学に留学した」と言えばいい。「目的」が問題なら「言語学を研究するために留学した」と言えばいい。「期間」が問題なら「二年間留学した」と言えばいい。「目的」と「期間」が問題なら「言語学を研究するために二年間留学した」、「だれが」「いつ」「どこ」が問題なら「彼が三〇代の初めにアメリカの東部の大学に留学した」などなど。

場面に応じて必要な情報を補充・追加する――これが日本語のスタンスです。したがって、日本語では基盤の「述語」以外の文の要素（文節）はすべて広義に解した「補語」（修飾語）と考えて差し支えない。これを裏返して言えば、述語以外はコンテクストしだいで省略可能だということです。

重ねて言いますが、日本語はコンテクストから分かることはいちいち言葉にしないのです。

## 【心得9】日本語は述語以外は省略可能な補語である

### 日本語に主語は必要か

**先生**　ここまで見てきたように、ヨーロッパ語とは異なり、日本語は文の要素（文節）を抜き取っても、統語論的には致命的な不都合は生じない。これを電池の並べ方でたとえればヨーロッパ語は「直列接続」で、日本語は「並列接続」ということになる。ヨーロッパ語は電池が一つ欠けても肝心の電灯はつかない。コミュニケーションは成立しない。日本語は一つの電池（述語）を除けば、ほかの電池はあってもなくてもかまわない。コミュニケーションは成立する。

　そうだとすれば、ここで発想の切り替えが必要になってくる。

**ナンデモ**　どんな発想の切り替えですか。

**先生**　日本語についてよく主語の「省略」という問題の立て方をするよね。でも、先ほども話したように、日本語は主語がなくても文は立派に成立する。主語はあってもいいけど、なくてもまったく問題なし。そうだとすると、ないことが基本で平常の状態、つまり常態だ。だから主語がない場合に「省略」をうんぬんするのはおかしい。正しくは主語がある場合には「必要があるからこそ主語が追加された」と考えなければならない。話は逆だった。だから、さっき発想の切り替えが必要だと言ったわけなのさ。

**ナンデモ**　それは主語以外の、たとえば目的語の場合なんかも同様ですよね。

**先生**　そのとおり。私はフランス文法の「補語」の考え方を参考にして、日本語では基本である述語以外はすべて「補語」と呼ぶことにしています。主語は「動作主補語」、対格（ヲ）は「直接目的補語」、与格（ニ）は「間接目的補語」、時間・場所・原因・手段などを示す語群（副詞句）は「状況補語」という具合です。この「補語」の考え方は重宝です。

これまで日本文法で「主語」と呼び習わされていたものは、実をいえば「動作主補語」にしかすぎない。日本語の「主語」は「目的補語」や「状況補語」と同じ資格の「補語」なのです。要するに、述語以外の文の要素（補語）は文の基盤である述語にかかる修飾語ということです。

**ナンデモ**　先生、一つ質問です。日本語の主語と、英語やフランス語の主語とはいったいどう違うのですか。ここまでの説明ではその違いがいまいちよく理解できないのです。

**先生**　なるほど。その質問は先ほどの説明、ヨーロッパ語は「主語―述語」の二本立て、日本語は「述語」の一本立てとつながっている。

主語と述語はダンスのペアのようなもので、主語が男性、述語が女性と考えると分かりやすいと思う。ペアだから一心同体だが、ダンスと同じで男性、つまり主語が主導権をもち、パートナーである女性、つまり述語をリードする。たとえば主語に対応して動詞は形を変える。英語は動詞の活用がひどく簡単な言語ですが、三人称・単数・現在ではsがつく。動詞の活用は主語によって決定される。英語やフランス語は特に主語がものすごく強い。主語が文を引っ張っているという感じです。

それにひきかえ、日本語の「主語」はさっきは「動作主補語」と呼びましたが、従来の用語で「主格」と言ってもよかったのです。主格のガは対格（ヲ）や与格（ニ）と同じ資格の補語です。格は（代）名詞の形を示すもので、述語にかかる修飾語にしかすぎない。それに対して主語は構文のなかでの役割を示すもので、述語が共演者です。日本語ではあくまで述語が中心で、主格のガは修飾語（補語）でしかない。だから消去・削除してもいっこうに差し支えないというわけなのです。

**ナンデモ**　ああ、これでよく分かりました。

**先生**　もっとも、一口に「補語」といっても、おのずと序列のようなものはあります。動作主補語と目的補語が同列で、状況補語は下位に位置します。ガはどうしても目立ちますが、あくまでもヲ・ニと横並びの、同列の補語だということに特に注意してください。

**ナンデモ**　話はよく分かったのですが、主語だとか、動作主補語だとか、主格だとか、いろいろな言い方がぽんぽんと出てくるので戸惑ってしまいます。なんとかなりませんか。

**先生**　もっともな注文です。いちおう説明の方便としていろいろな言い方をしましたが、ここだけの話ということで、一番なじみ深い「主語」という言葉をこれからも使うことにしよう。ただ、あくまで「主格」「動作主補語」を意味するという条件をつけて。それから先ほど注意した「省略」もほかに適当な言葉が見あたらないので、「追加・補足ノ要ナシ」という意味合いを込めて使い続けることにします。

## 【心得10】日本語の主語は単なる補語である

### なにを省略するか

**先生** 日本語では述語以外の文の要素は「省略」可能なことをここまで説明してきたが、いっぽうヨーロッパ語は主語はもちろんのこと目的語も絶対に省略できない。そうすると、とうぜん予想されるように、同じ言葉（名詞）を繰り返す場面が多く出てくる。それは面倒くさい、なんとかならないものかということで、「人称代名詞」（物を受けることもある）が作られた。それにひきかえ、「補語」にしかすぎない日本語の場合は事情がおのずと異なる。それほど人称代名詞の必要を感じない。もっと正確に言うと、日本語にはそもそもヨーロッパ語のような「人称代名詞」は存在しない。

**ナンデモ** えっ、先生、そんな乱暴なこと言ってもいいんですか。「私」「あなた」「彼」「彼女」「彼ら」などは人称代名詞ではないんですか。学校ではそう習いましたけど。

**先生** たしかに、日本の学校ではそんなふうに教えています。でも、ヨーロッパ語をまねて「人称代名詞」と呼んでいるだけさ。実際には単なる名詞でしかない。

**ナンデモ** 日本語の人称代名詞は単なる名詞？ いまいちピンと来ないので、そこのところをもう少し嚙《か》み砕《くだ》いてお願いできませんか。

**先生**　名詞は実質的な特定の意味をもっている自立語、それに対して人称代名詞はいわば「機能語」です。「機能語」は無色透明です。たとえば英語の「アイ（I）」はそれを口にしている人物が「話し手」であることしか示さない。その人物が男か女か、若いかそうでないか、社会的身分はどうかなどは伝えない。「アイ」には付加的な情報（含意）はいっさい含まれない。それに人称代名詞の数はごく限られている。それにひきかえ、日本語の人称代名詞はその数が多い。しかも独特の含意を伴っている。たとえば英語の「アイ」に対応する日本語を挙げてみてくれますか。

**ナンデモ**　「わたし」「わたくし」「あたし」「あたい」「ぼく」「おれ」「自分」などかな。まだあるかな。

**先生**　古い日本語だと「吾輩《わがはい》」「拙者」「手前」「やつがれ」なんかもあるね。今だと「パパ」「ママ」「お父さん」「お母さん」「おばさん」などという言い方もするよね。

**ナンデモ**　本当だ。いろんな言い方があるんだ。

**先生**　そして言い方が違えば、それぞれが異なる情報（含意）が伴う。意味を異にしているということは日本語の「人称代名詞」が実質的であるということで、「名詞」である証拠です。

すでに何度か確認したように、日本語はかならずしも主語を必要としない。そうであれば削れる主語はなるべく削るべきです。むろん、みだりに削ることはできない。あくまでコンテクストと相談の上ですが。

ところで人称代名詞といえば、人称代名詞と所有形容詞は連動します。日本語では所有形容詞でいちいち所有関係を明示する必要はない。削れるものはなるべく削ったほうがよい。指示語も同様で「その」とか「それ」を連発するとうるさい。

主語・所有形容詞・指示語は削ろうとすれば、思いのほか削れるものです。削ったほうがかえって文章はすっきりする。

ということで、冒頭で問題にした文章を改めて考えてみよう。

> 正木一郎は一流商社に勤める有能な社員である。正木は五時に某産業の専務、北村春樹とホテルのロビーで会う手筈になっている。エリート社員は今度の大きな商談をぜひ成功させたいと意気込んでいる。彼はそのことで自分の職場での存在感をアピールしておきたいのだ。海千山千の客を今夜どこでもてなすか、やり手の商社員は、その問題であれこれと思案をめぐらしていた。

**ナンデモ**　「エリート社員」「やり手の商社員」は「正木一郎」のことで、「海千山千の客」は「北村春樹」のことですよね。

**先生**　そうだよ。

**ナンデモ**　なぜこんなふうにいちいち言い替える必要があるんです。

**先生**　当然の疑問ですね。この例文は日本語として見るとかなり凝った文章です。ここにはレトリックでいうところの「代称」が使われています。代称は「迂言法《うげんほう》」の一種で、わざわざ持って回った表現を使って言い直すこと。これは何度も話題になる人や物を繰り返す単調さを避けるための手立てなのです。ヨーロッパ語は特別の効果を狙わないかぎり（たとえば反復法）、普通は同じような語句の連続・重なりを毛嫌いする。だから代称による言い替えは欧米の文章ではちょくちょくお目にかかる。しかしながら日本語ではうるさく感じられる。うるさいだけなら実害はないが、誤読を誘うおそれがある。ナンデモくんはちゃんと読み取ったけれども、「エリート社員」「やり手の商社員」「海千山千の客」を別の人物が問題になったと思い込むオッチョコチョイがいないとは限らない。代称に慣れていない日本人は向こうの書物を読んでいるとき、代称の言い替えに気づかずに別の話題が持ち出されたとよく勘違いします。

いずれにせよ、例文は日本語としてはくどく、バタ臭い感じが否めない。というのも、日本語では同じ名詞（人や物）が繰り返されてもそれほど気にしないからです。たとえば例文中の傍線個所をそれぞれ「正木」「北村」で置き換えても、それほどの違和感はないはず。むろん、代称が表現している付加情報――「エリート」「海千山千の」「やり手の」――はこのさい無視しての話ですが。日本語では代名詞（あるいは代称）で受けるより、名詞を繰り返したほうが無難な場合が多い。たとえば三島由紀夫は『文章読本』のなかで女性を「彼女」で受けるのをよしとせず、女性の名前を何度でも使うようにすると書いています。日本語は同じ名詞を繰り返しても差し支えない――これは覚えておいていい注意事項です。

今の場合、それよりなにより日本語には省略という奥の手がある。たとえば傍線を付した名詞・代名詞はすべて削除しても差し支えない。差し支えないどころか、かえってすっきりした日本語になる。ただし「海千山千の客」は残してもいい（目的語を省略するときはよく考えること。削らないほうがよい場合が多い）。同じことは傍点を付した指示語を含んだ表現についても言える。これも削除したほうがよい。主語、所有形容詞、指示語を削ると、例文は次のようになります。

**【修正例】** 正木一郎は一流商社に勤める有能な社員である。五時に某産業の専務、北村春樹とホテルのロビーで会う手筈になっている。今度の大きな商談をぜひ成功させたいと意気込んでいる。職場での存在感をアピールしておきたいのだ。（海千山千の客を）今夜どこでもてなすか、あれこれと思案をめぐらしていた。

**ナンデモ** うぁー、本当に贅肉《ぜいにく》がそぎ落とされた感じですね。すっと読める。

**先生** そうだろう。そこで、ぜひ注意しておきたいことがあります。それは、人称代名詞・所有形容詞・指示語は読者に負担を強いるアイテムであるということ。このアイテムが出てくれば、読者はそのつど何を受けているか確認する作業を強いられる。書いている本人は正確を期しているつもりでしょうが、読者にとっては煩わしいことこの上ない。省略することによってコミュニケーションがスムーズになる場合がある。というよりか、省略はもともとコミュニケーションをスムーズにするための便法です。

## 【心得11】よけいな主語・所有形容詞・指示語は削る

## 日本語は風呂敷である

**先生**　以上で見とどけたように、日本語は統語（構文）的にアバウトです。文の要素（文節）の抜き差しが自由です。だが、それだけにとどまらない。日本語は風呂敷《ふろしき》のように伸縮自在、どんな形、どんな大きさをした物でも包み込んでしまう。スーツケースのようにどこにどのようにおさめればいいか、思いわずらう必要はない。どんどん放り込めばいい。風呂敷は物に合わせていかようにも形を変えてくれる。風呂敷の融通無碍、その自在さが日本語の語順に端的に見られます。日本語は語順がはなはだ自由です。たとえば次の簡単な文を考えてみよう。

| |
|---|
| (1)　昨日公園で太郎が花子に会った。 |

(1)をシャッフルしてみる。

| |
|---|
| (2)　昨日太郎が公園で花子に会った。 |
| (3)　公園で昨日太郎が花子と会った。 |
| (4)　公園で太郎が昨日花子と会った。 |
| (5)　花子と昨日公園で太郎が会った。 |

## (6) 太郎が花子と公園で昨日会った。

日本語では述語（会った）は文末に置かなければならないが、この基本的条件さえ満たせば、それ以外の文の要素は原則として自由に動かすことができる。移動可能な要素は四つだから一六（4×4）のバリエーションが考えられる。でも、煩瑣《はんさ》になるので六つで切り上げた。微妙なニュアンスの違いはあるかもしれないが、基本的には文の意味は変わらない。なんでこんな芸当が許されるのか。日本語には語と語の関係を明示してくれる格助詞があるからだ。格助詞が接着剤（膠《にかわ》）の働きをしている。

**ナンデモ**　先生、水を差すようで申し訳ないのですが、格助詞ってなんですか。説明していただけると有難いのですが。

**先生**　ほら、前に「補語」のことを説明したよね。

**ナンデモ**　ええ、たしか動作主補語、目的補語、状況補語があるとか。

**先生**　よく覚えていたね。実はその補語と述語の関係を示すのが格助詞です（以下、格助詞はカタカナ表記する）。ノだけは補語と補語の関係を示す連体格助詞、つまり名詞（体言）にかかる格助詞ですが、ほかはすべて述語（活用語＝用言）にかかる連用格助詞。別の言い方をすれば格助詞の基本的役割は補語を作ることです。分かりやすく言えば補語は疑問に対する答えというふうに考えればよろしい。格助詞を列挙すれば次のとおりです。

だれガ／なにガ（主格）
だれヲ／なにヲ（対格）
だれニ／なにニ（与格）
どこニ／どこカラ／どこへ／どこマデ
だれト／なにト
なにデ
だれヨリ／なにヨリ
だれノ／なにノ（属格）

あとに格の名前を挙げたガ、ノ、ニ、ヲがとりわけ重要です。

**ナンデモ**　格助詞が補語と述語の関係を明示してくれるので語順を動かしても曖昧にならない、そういうことですか。

**先生**　そうだ。ついでに言い添えておくと、言語類型論では日本語は「膠着語《こうちゃくご》」と呼ばれている。ほかに、ラテン語のように語の活用が重きをなす「屈折語」、中国語のように語形変化のない「孤立語」などがある。語形変化や文法規則が複雑な「屈折語」（たとえばギリシア語やラテン語など）は語順が自由です。「屈折語」とはいっても英語やフランス語のように「屈折」が簡略になった言語では語順が重要な役割を果たします。

> (7) Jack loves Mary.
> (8) Mary loves Jack.

ほら、語順を変えた(7)と(8)では意味がまったく別になってしまう。

**ナンデモ**　そうすると、日本語には語順に関する規則はないんですか。

**先生**　いや、あることはある。すでにその一つは挙げておいたよ。

**ナンデモ**　そうかな。なんでしたっけ。

**先生**　述語がかならず文末に来るというやつさ。

**ナンデモ**　あっ、そうか。

**先生**　それと他にもう一つあって、日本語の語順は次のような大まかな二つの規則にまとめられる。

> [1] 名詞・動詞・形容詞・形容動詞などの述語が文末に来る
> [2] 修飾語が被修飾語の前に来る（「花／きれいな」は不可ということ）

絶対にクリアしなければならない語順の規則はこの二つだけ。もっとも、この二つの規則は改まって「規則」と言われても、鼻白んでしまうよね。

**ナンデモ**　ええ、おっしゃるとおりです。ぼくも、言われてはじめてこんな規則があったのかと気づいたくらいです。日本人なら無意識のうちにこの規則を守っています。

**先生**　そうだよね。ところが、これから紹介するのは作文術にとってすごく大事なのにどういうわけか、ほとんど知られていない規則なのです。

**ナンデモ**　そんなすごい規則があるのですか。ぜひ知りたいな。

**先生**　まあ、そんなに急くことはない。その規則のことをこれからゆっくり考えていくことにしよう。それは「規則」と言えるほど厳密・厳格ではないけれども、いちおう「読みやすさの規則」と呼べるものです。

たとえば、次の⑴から⑹のなかでどの文がいちばん読みやすいだろう。

⑴　一郎が京都で三年前に恵子とめぐりあった。
⑵　京都で三年前に一郎が恵子とめぐりあった。
⑶　三年前に京都で一郎が恵子とめぐりあった。
⑷　一郎が三年前に京都で恵子とめぐりあった。
⑸　恵子と、一郎が三年前に京都でめぐりあった。
⑹　三年前に一郎が京都で恵子とめぐりあった。

**ナンデモ**　うーん、⑴か⑷かな。⑷に決めます。

**先生**　やっぱり。思ったとおりだ。

**ナンデモ**　えっ、はずれですか。

**先生**　実は正解は(3)です。でも、きみの答えはよく分かる。(1)と(4)を選んだのはなぜ。

**ナンデモ**　なんとなくですけど。そうか、主語が文の頭に来ているからかな。

**先生**　なるほどね。たぶん英語や翻訳の影響だと思うけど、現代日本語の傾向として「主語の先出し」を指摘することができる。本来の日本語では(3)がいちばん自然な語順のはずです。その次は(6)だろうか。「主語の先出し」の(1)と(4)のあいだで迷ったあげく(4)をきみが選んだのは、その意味ではもっともな反応です。なぜだろうか。時と場所の状況補語の位置がポイントになる。自然な語順を考えるために、まず次の問題に答えてくれないか。

**【問題1】**　次の(1)から(6)のなかでどの文がいちばん読みやすいと感じられるか。

(1)人生に絶望していた一郎が、桜花の咲き乱れる古都で、三年前のこの日に、人生を共にすることになる女性とめぐりあった。

(2)桜花の咲き乱れる古都で、三年前のこの日に、人生に絶望していた一郎が、人生を共にすることになる女性とめぐりあった。

(3)三年前のこの日に、桜花の咲き乱れる古都で、人生に絶望していた一郎が、人生を共にすることになる女性とめぐりあった。

(4)人生に絶望していた一郎が、三年前のこの日に、桜花の咲き乱れる古都で、人生を共にすることになる女性とめぐりあった。

(5)人生を共にすることになる女性と、人生に絶望していた一郎が、桜花の咲き乱れる古都で、三年前のこの日にめぐりあった。
(6)三年前のこの日に、人生に絶望していた一郎が、桜花の咲き乱れる古都で、人生を共にすることになる女性とめぐりあった。

**ナンデモ**　(3)ですね。(6)もわりと読みやすいかな。

**先生**　あれ、今度はほとんど迷わなかったね。でも、実は【問題1】の各文は前に挙げた六つの文とまったく同じ構文だよ。ただ、修飾語が追加されて外観が複雑になってはいるけど。こんな具合に文が複雑になると――まあこの場合は大したものではないけど、複雑になればなるほど――「主語の先出し」は抵抗感を伴うようになる。いってみれば、それは受け皿の述語である「めぐりあった」になかなかたどりつけない、いや、駄洒落《だじゃれ》になるがめぐりあえないもどかしさ、宙づり感が原因だ。前に挙げた(1)(4)くらいの短文ならそんな気持ちは生まれないが、【問題1】の(1)(4)程度になると少し引っかかりを覚えるようになる。

実は「主語の後出し」は日本語としてはごく自然な語順なのです。実例を二つ挙げるよ。最初の例文は木彫りの像の描写です。

みじかい髪を風になびかせ、前方に倒したからだのいまにも崩れそうな平衡を、岩に向けて垂直に伸ばした左手の指先でかろうじて保つようにして、少年は静止していた。（須賀敦子「ファッツィーニのアトリエ」『時のかけらたち』）

いつの間にか現われてはあちこちをきれいに直し、知らぬ間に立ち去ってゆく大工さんを、子供の私は尊敬していた。（多田富雄「天使たちの昼下がり」『独酌余滴』）

それでは「主語の後出し」の(2)(3)(5)(6)のなかでなぜ(3)（次いで(6)）がいちばん読みやすいと感じられるのか。実は日本語にはあまりはっきりと意識されていないが、「自然な語順」というものが一応はある。文の要素（語群）のあいだでそんなに長さのばらつきがなければ、次の語順が日本語としてはいちばん据わりがいい。

①いつ　②どこで　③だれが　④だれに　⑤なにを　⑥どうした

**ナンデモ**　あれ、それって、昔話の語順ですよね。「昔々あるところにおじいさんとおばあさんがありました。」

**先生**　よく気がついたね。昔話は日本語の古層とも言えるものです。だから日本語の特徴をよく体現している。多くの話が「昔々あるところに」ではじまる。「桃太郎」の語り出しはまさにそれにならっている。「だれが」を差し置いて「いつ」と「どこで」が前に出ている点がはなはだ興味深い。

次の二つの例文は日英両語の語順の違いをよく示している。

三年前に京都で一郎は恵子に出会った。
Ichiro met Keiko in Kyoto three years ago.

**ナンデモ**　本当だ。英語では主語と動詞が前に出て、時と場所の状況補語が後ろに置かれていますね。それに、「いつ」と「どこ」の順序が逆になっている。

**先生**　よく気がついたね。こうした語順の違いに両語における主語の重さが如実に示されている。時と場所の状況補語を文頭に置く（ことができる）。この日本語の語順のありかたに、主語の省略とは別の形で、日本語の特徴の一つである、主語の影の薄さが指摘できる。

話が少し脇道に入り込んでしまった。(3)の文にもどろう。

(3)はまさに「自然な語順」（①②③④⑥）に従っている。だからすらすらと頭にはいってくる。それにひきかえ(2)は《②どこで①いつ③だれが④だれに⑥どうした》、(5)は《④だれに③だれが②どこで①いつ⑥どうした》というようにどちらも「自然な語順」から外れている。だから少し引っかかる。

ちなみに、①（時を表す状況補語）はどんな場合でも問題なく文頭に置くことができる。(6)が割に読みやすいのはそのせいだが、こんな例はどうかな。

今朝《けさ》／事務所の窓の向かいに見える高層ビルの向こうの空で雲が切れて／富士山が遠くに見

えた。

この文を読んでどう思う。どこか引っかかるところがあるかな。

**ナンデモ**　いいえ、すらすら読めますよ。

**先生**　いずれ次回に詳しく取り上げるけど、こういう場合は長い語群を前に出すほうがおすすめなのです。でも、このケースではむしろこのままのほうが自然な感じがする。時の状況補語は文頭がお似合いということかな。

**【心得12】　自然な語順は《①いつ②どこで③だれが④だれに⑤なにを⑥どうした》**

第三章●語順に規則はあるのか

## 文節にバラツキがある場合

**先生**　こちらが例の方ですか。

**ナンデモ**　ええ、ぼくたちの広報誌で校正の仕事をされています。

**ソメイ**　はじめまして。染井好乃《ソメイヨシノ》です。ナンデモさんからお話を聞いて、失礼とは思ったのですが、お邪魔しました。よろしくお願いします。校正をまかされていますが、どうしたらいいのか、いつもいろいろ困っております。なかには読みにくい原稿もあって。なにか校正のコツのようなものがあるのでしょうか。

**先生**　それは、ちょうどよかった。今日は日本語の語順についてお話しします。また来週は読点の問題を取り上げる予定です。文の読みやすさと分かりやすさは語順と読点の工夫でほとんど解決できます。今日と来週の話は校正するとき、なにかと参考になると思います。遠慮なくなんなりと質問してください。

**ソメイ**　はい、分かりました。お言葉に甘えてそうさせていただきます。

**先生**　文の要素（文節）のあいだに長さのばらつきがない場合の自然な語順についてはすでに説明しました。ナンデモくん、ソメイさんのために繰り返してみて。

**ナンデモ**　《①いつ②どこで③だれが④だれに⑤なにを⑥どうした》の順で並べればいいのです。

**先生**　そうだったね。ソメイさん、よろしいですか。

**ソメイ**　ええ、そんな規則があるらしいことは、なんとなく知っていました。でも、今しっかりと記憶に刻みつけます。

**先生**　問題が起こるのは、実はばらつきがある場合なのです。ただ、この事例を取り上げる前に、あらかじめおさらいをしておきたいことがあります。それは「文節」とはなにかということです。文節とはなにか言えますか。

**ソメイ**　えーと、たしかネを入れて切れるひとまとまりの語の集まりではなかったかしら。

**先生**　そうです。文節の切れ目は合いの手（ネ、ヨ、サ）を入れることができるところです。次の文章で考えてみましょう。

> **【例文】**　そのころ、東京中の町という町、家という家では、ふたり以上の人が顔をあわせさえすれば、まるでお天気のあいさつでもするように、怪人「二十面相」のうわさをしていました。
> （江戸川乱歩『怪人二十面相』）

右の文は次のような文節に分けることができます。

【文節分け】そのネころネ東京中のネ町という町（ネ）家という家ではネふたり以上のネ人がネ顔をネあわせネさえネすればネまるでネお天気のネあいさつでもネするようにネ怪人「二十面相」のネうわさをネしてネいました。

ネで切れる小さい文節と、傍線部の大きな文節があります。小さいほうは学校文法で問題にする文節です。ただ、作文術が注目するのは大きな文節のほうです。小さい文節と大きな文節の違いはなんでしょうか。ソメイさん、いかがですか。

**ソメイ**　たとえば「東京中の」や「顔を」は小さい文節ですよね。小さい文節はそれだけを取り出して、文中のほかの場所にもっていけません。「東京中の」は次に来る「町という町、家という家」と切り離せない。「顔を」も「あわせ」と切り離せません。

**先生**　そのとおりです。よくできました。

今も言いましたように作文術が問題にするのは大きな文節、つまり意味上ひとまとまりの自立した文節です。自立した文節は移動可能なので、語順の問題に関係してくるのです。

さあ、これで準備がととのいました。

それでは、長さにばらつきのある文節の場合はどう並べたらいいのか考えることにしましょう。

まずは次の文章を見てください。上付き小数字を冠した文の順序はこれでいいでしょうか。

【例文】 むかし見た科学映画の一シーンが脳裏によみがえる。国際学会のパネル・ディスカッションの光景だ。舞台の中央に置かれた大きな黒板を前にして数式やダイアグラムを書きながら二人の科学者が議論をたたかわせている。[1]私は[2]そんな科学者の生き方に、[3]物理学的真理は言葉が通じなくても数字によって語れるのだと知って[4]本当に[5]あこがれた。（作例野内）

**ナンデモ**　ぼくは別に問題ないと思いました。

**ソメイ**　文節1に問題があるように思います。「私は」を受ける述語「あこがれた」と離れすぎているみたい。

**先生**　校正の仕事にタッチしているだけに、さすがに目のつけどころがいいですね。この程度の単純で短い文では、どんな順序で並べても分かりにくいことはない。だからナンデモくんの判断ももっともなのです。でも、1から5の文節は、次のように並べ替えたほうがずっと読みやすくなります。

【修正例】

(1)　[3]物理学的真理は言葉が通じなくても数字によって語れるのだと知って[2]そんな科学者の生き方に[1]私は[4]本当に[5]あこがれた。

ソメイさんが指摘したように、ポイントは文節1の位置です。短い文節を前に出すと、あとに来る長い文節が衝立《ついたて》のように立ちはだかり、見通しが悪くなる。逆に言うと、前に出された短い文節が宙づり状態になってしまう。私の修正案をよくご覧ください。文節が長い順に並んでいます。こんなふうに文節は長い順に並べると、文が読みやすくなります。ちなみに、三番目の文はそうなっています。

**ソメイ**　ほんと、嘘《うそ》みたい。この規則は校正するとき役に立ちそう。

**【心得13】文節は長い順に並べる**

### 関係のある文節

**先生**　読みやすさ・分かりやすさの語順については、実はもう一つの規則があります。それは「関係のある文節は近づける」です。この規則はいわば「文節は長い順に並べる」を補足する規則で、「関連性の規則」と呼ぶことができます。普通は「長さ」の規則をまず適用して、ついで「関連性」の規則を適用します。

先ほどの(1)の文に「関連性」の規則を適用してみましょうか。「そんな科学者の生き方に」に注目してください。なるほどこの文の範囲内で考えると、ここが最適です。しかし、前の文を視野におさめると別の可能性が見えてきます。前の文では科学者が問題になっている。そこで、その科学者を受ける形で「そんな科学者の生き方に」を文頭に出せば、関係のあるもの同士が近くに置かれることになる。こうすると文章の流れがなだらかになる。なめらかになる。ただ、この場合について言えば、「長さ」の原則の適用だけでとどめたほうがいいかもしれない。というのも、文節3がかなり長いのでこれが割り込んでくると、「そんな科学者の生き方に」と「あこがれた」が分断されて、宙づり感を誘うおそれが出てくるからです。

**ソメイ**　どちらかにどうしても決めなければならないとしたら、先生ならどうされますか。

**先生**　うーん、弱りましたね。やはり「関連性」の規則を適用するかな。ただ「……生き方に、」と読点はかならず打ちますけど。まあ、今の場合はその差があまりはっきりしませんでしたが、「関連性」の規則が特に有効に働くケースがあります。修飾語と被修飾語が問題になるときです。たとえば先ほどの例文(1)を次のような順序で書き直してみます。

**【修正例】**

(2)　[1]私は[4]本当に[3]物理的真理は言葉が通じなくても数字によって語れるのだと知って[2]そんな科学者の生き方に　[5]あこがれた。

(3)　[4]本当に[1]私は　[3]物理的真理は言葉が通じなくても数字によって語れるのだとを知って[2]そんな科学者の生き方に[5]あこがれた。

(4)　[4]本当に[3]物理的真理は言葉が通じなくても数字によって語れるのだと知って[2]そんな科学者の生き方に[1]私は[5]あこがれた。

強調などの文体的効果を狙った場合は話は別ですが、それとは関係なくこの種の書き方に私たちはよく立ち会います。たぶん本人はなにげなく書いているのでしょうが。現代日本語に特徴的な「主語の先出し」を考えると、きっと(4)ではなくて(2)(3)の書き方が多くなるはずです。

それはそうといずれにしても、さしあたりの問題は「本当に」の位置です。この「本当に」は文末の「好きだ」にかかっている。ずいぶんと離れている。この不都合を避けるために「関係のある文節は近づける」という規則に従って「本当に好きだった」と近づけるほうがいい。まさかと思うかもしれませんが、副詞が動詞を修飾するケースではこの「症例」が本当によく見受けられます。くれぐれも注意が肝心です。

**ナンデモ**　ぼくなんかしょっちゅうヤラカシていますよ。これからは注意しよっと。

**先生**　あっ、そうだ、忘れるところだった。形容詞の場合も「長さ」と「関連性」の規則が問題になるケースがありましたっけ（しばらく例文を思案する）。

こんな例文はどうかな。

(5)　自然のさっぱりした日本人の味覚に合わせた風味
(6)　日本人の味覚に合わせたさっぱりした自然の風味

(5)は短い文節から長い文節に、(6)はその逆に並べたものです。

ナンデモ　(5)はぐたぐたして読みづらいし、おまけに分かりにくいな。

ソメイ　「自然の」が浮いてしまっている感じかしら。

先生　そのとおりです。修飾語の「自然の」がかかるべき被修飾である「風味」と離れすぎている。日本語では「修飾語＋被修飾語」の語順をかならず守らなければならないので、短い修飾語を遠くに置くと「関連性」が見えにくくなる場合が出てくる。例文の(5)なんかはそれに当たります。修飾語と被修飾語を近づけて「自然の風味」とするほうがいい。

ソメイ　でも、けっきょく(6)の文は「長さ」の規則を適用したのと同じ結果になりますね。

先生　ええ。こんなふうに「長さ」の規則と「関連性」の規則は結果が重なることがあります。今の場合は「自然の」の不具合が目についたので「関連性」の規則がまず適用されたというだけのことです。

この二つの規則は別にどちらが先と決まっているわけではありませんが、おすすめはまず「長さ」の規則、ついで「関連性」の規則を適用することです。

実をいえば前に取り上げた「主語の後出し」の問題も、主語と述語を修飾関係（主語は述語の補語）と見なす私の立場では「関係のある文節は近づける」という原則の適用でもあるのです。ここで問題にした二つの原則は密接な関係を取り結んでいることに注意してください。

## 【心得14】　関係のある文節は近づける

## 語順によって変わる文の読みやすさ

**先生**　ここまでの説明から、文節間に長さのばらつきがある場合、「読みやすさ・分かりやすさ」の語順として次の原則を取り出すことができました。

第一原則＝文節は長い順に並べる
第二原則＝関係のある文節は近づける

この二つの原則、特に第一原則に注意すると文は驚くほど読みやすく、分かりやすくなります。たとえば次の文章を読んでみてください。

最近の記録には嘗て存在しなかつたと云われるほどの激しい、不気味な暑気がつづき、そのため、自然的にも社会的にも不吉な事件が相次いで起つた或る夏も終りの或る曇つた、蒸暑い日の午前、××瘋癲病院の古風な正門を、一人の痩せぎすな長身の青年が通り過ぎた。（埴谷《はにや》雄高《ゆたか》『死霊』冒頭）

**ソメイ**　かなり入り組んだ文のはずなのに、割にすっと読める感じ。どうしてかしら。

**ナンデモ**　ぼくも同感です。不思議だな。

**先生**　それはね、文そのものは入り組んではいるものの、どの階層《レベル》でも文節が長い順に並んでいるからです。カッコとスラッシュを使って文の組み立てを分解してみると次のようになります。

【（最近の記録には嘗て存在しなかつたと云われるほどの／激しい、／不気味な／暑気が／つづき、／／そのため、自然的にも社会的にも不吉な／事件が／相次いで起つた）（或る夏も／終りの／／或る／曇つた、／蒸暑い／日の）午前、】【（××瘋癲病院の／古風な）正門を、】【（一人の／痩せぎすな／長身の）青年が】【通り過ぎた】。

**ソメイ**　【　】は最上位のレベルの文節を示しているのですよね。本当だわ、長い順に並んでいる。

**先生**　ためしに「正門を」あるいは「青年が」を含む文節を頭にすえて読んでみてください。

**ソメイ**　どちらの場合も、「午前」を含む長い文節が邪魔になって読みにくいわ。

**先生**　それでは次のレベルを見ましょうか。最初の【　】内の、二つ並んだ（　）は、長いほうが前に出ています。（　）のなかのスラッシュは「／／」のほうが「／」より大きな切れ目を示していますが、両方ともほぼ真ん中に来ている（ので問題がない）。最後に「／」のどの切れ目を見ても、ほぼ長い順になっています。つまり問題の文はどのレベルでも長い文節順に配列されているわけです。この文はかなり複雑で、この順序を踏まなかったら読みにくくなっていたことは間違いありません。

今度はもう少し単純な文を紹介しましょう。

「誰?」
帰ってくるなり／暑がって／シャワーをあび、／／ポロシャツと短パンという恰好《かっこう》で／ガス入りの水を／喉を鳴らして／のみほして、／／濡《ぬ》れた髪を／タオルで拭きながら／／マーヴは／訊いた。（江國香織『冷静と情熱のあいだ Rosso』）

二つの例文とも「主語の後出し」であることに注意してください。「主語の後出し」は長い文を読みやすくさせる裏技の一つです。ぜひおためしください。

ここで問題を出します。

**【問題2】** 語順に注意して書き直しなさい。

[1]孤立無援・徒手空拳《としゅくうけん》で、[2]高度な社会システムが複雑にからみあう巨大な「現代社会」のなかを[3]生き抜くしかない私たちは、[4]自分の現在のありようを[5]むしろ選択させられた結果だと[6]考えたくなる。[7]仕事の場合を考えても、[8]人はいわば交換可能な部品にしかすぎない。[9]「現代社会」に生きる人間は、[10]その意味で、[11]誰もが[12]「わたしは何のためにここにいるのだろうか」という問いを[13]胸底の奥深くに[14]知らず識らずのうちに[15]抱え込んでいるのだ。
（作例野内）

（二人が問題を解いたのを確認して）まず第一原則を適用して文節を並べ替えることを考えましょう。ナンデモくん、どうです。

**ナンデモ**　文節1と文節2をひっくりかえします。第一文の手直しはこれだけかな。第二文はこのままでいいですよね。

**先生**　問題は第三文です。機械的に長さの順に並べ替えると次のようになります。

> [12]「わたしは何のためにここにいるのだろうか」という問いを[9]「現代社会」に生きる人間は、[14]知らず識らずのうちに[13]胸底の奥深くに[10]その意味で[11]誰もが[15]抱え込んでいるのだ。

**ソメイ**　あら、文節10の「その意味で」のところで引っかかりを感じる。第二原則を適用して「関係のあるものは近づける」ことにしてみたらどうかしら。そうすると「その意味で」が文頭に出て、前文との関係が明確になるみたい。

**先生**　そのとおりです。よく気がつきましたね。ほかに手直しの必要な個所はないですか。……ありませんか。「誰もが」は文節9のあとに挿入して「生きる人間は誰もが」とするとすんなりつながりませんか。第一原則を杓子定規《しゃくしじょうぎ》に適用するのではなく、こんなふうに引っかかりを感じたら第二原則を援用する。手直した文章は次のようになります。問題文と読み比べてみてください。

**【問題2解答例】**

高度な社会システムが複雑にからみあう巨大な「現代社会」のなかを孤立無援・徒手空拳で生き抜くしかない私たちは、自分の現在のありようをむしろ選択させられた結果だと考えたくなる。仕事の場合を考えても、人はいわば交換可能な部品にしかすぎない。その意味で、「わたしは何のためにここにいるのだろうか」という問いを「現代社会」に生きる人間は誰もが知らず識らずのうちに胸底の奥深くに抱え込んでいるのだ。

**【心得15】長い文では「主語の後出し」を考える**

# 第四章●読点の打ち方

## 語順から読点へ

**先生**　前回は語順の重要性についてお話ししました。
**ソメイ**　とても興味深く拝聴しました。
**ナンデモ**　ぼくもです。語順がとても大切なことをはじめて知りましたが、こんな大切なことなのに、なぜ学校では教えないのですか。
**ソメイ**　わたしも、「読みやすさ・分かりやすさ」の二つの原則を先般はじめて知りました。語順についてはぜひ学校で教えるべきです。
**先生**　私もそうあってほしいと思います。学校で教えられていないといえば、句読点の重要性も同様ですね。こちらはそれでもなんとか教えられてはいますが、ただその教え方がなんともおざなりなのです。どうしてこういったゆゆしい事態が生じるのか。おそらくその原因は、現在の「国語」教育が「読み」と「解釈」に傾いているからかもしれない。
　ここで思い合わされるのは「国語」における文学偏重です。この方面にも明るく、みずからも文章読本をものしている二人の文学者、丸谷才一と井上ひさしがつとにその非を鳴らしているくらいです。私もかねがねこの点が気になり、あちらこちらで問題にしました。その意味で、『井上ひさしと141人の仲間たちの作文教室』のなかで著者が「観察する。要約する。報告する。そういう文章をうんと書かせる」とすすめているのは実に適切なアドバイスです。愚にもつかない「感想文」など書かせるのをやめて井上の提案を実行すれば、めざましい成果が期待できます。要するに「作文」教育の意味をきっちりと把握していないのです。読書感想文やイベント感想文を書かせるだけで、アフターケアがまるでなし、作文力がつくわけがない。

「読み」と「解釈」はいってみれば文章に対して「受け身」のスタンスです。それにひきかえ「作文」は「主体的」なスタンスです。「読み」の場合は語順も読点もすでにあるものとしてそのまま受け容れる。別の語順、別の句読点の可能性なんか問うことは、まずない。別の可能性が問われるのは「書く」場合です。なぜなら書くとは「選択する」ことにほかならないからです。書くとは二重の選択です。

**ナンデモ**　書くとは選択、それってどういうことかな。

**ソメイ**　難しい話にはついていけないので、なるべく分かりやすく説明していただけると。

**先生**　なるべくご要望に沿うように心がけましょう。

一つの選択はどの語を選ぶかにかかわっています。たとえば「女性」の美しさを表現しようとした場合を考えてみます。「美しい」「きれいな」「うるわしい」「あでやかな」など「似たもの」（類語）が候補に挙がります。どれか一つに決めなければならない。この選択は語彙《ごい》的＝意味論的選択です。「部分」に注目する選択です。
もう一つの選択は文をどのように組み立てるかという問題です。短い文で書くのか。長い文で書くのか。「が」「けれども」「ので」などの接続助詞を使って複雑な文にするのか。修飾語は簡潔にするのか詳しくするのか。要するに、どう単語を並べて「文」を作り上げるかです。先ほどの語彙的＝意味論的選択が「部分」にかかわるとすれば、こちらは文の「全体」をにらみながらおこなわれる選択です。構文的＝統語的選択です。そして語順と句読点はこちらの選択に深くかかわっています。

よく考えてみれば、いま説明したことは当たり前のことなのです。

**ナンデモ**　でも、これまでそんなこと考えてもみなかった。

**ソメイ**　わたしもですわ。

**先生**　あなたたちだけではない。世間の多くの人がそうなんです。

**ナンデモ**　それを聞いて安心しましたよね、ソメイさん。

**先生**　ただ、この当たり前の事実を意識するかしないかで、それこそ天と地の差になります。作文では「書くとは選択である」という事実をしっかりと見すえることが大切です。語順をどうするか。読点をどう打つか。これは書き手に全面的にゆだねられた問題です。要するに、「書くこと」はみずからの責任でする主体的選択なのだから、語順と読点はゆるがせにできない重大な問題であるということです。

実は、語順と読点は深い関係を取り結んでいます。たとえば語順を変えれば、読点が必要になる場合がある。あるいは読点の打ち方によっては問題のある語順でも変える必要がない場合もある。その実例はあとで見ますが、とにかく語順と読点は切っても切れない関係にあります。

以前から語順と読点については国語学のほうで話題にはなっていましたが、この二つの問題（特に読点）をきっちりと精力的に論じたのは、私の知るかぎりでは本多勝一が最初です。語順と読点の問題は本多の『日本語の作文技術』と『実戦・日本語の作文技術』にとどめを刺します（以下、後書のみ出典を示す）。

手の内を明かしてしまえば、前回の語順の話は本多の見解に寄りかかったものでした。これから取り上げる読点の問題にしても、ほとんどが本多の受け売りです。読点の問題における本多の功績は刮目《かつもく》に値します。ただ、ちょっぴり難点を言わせてもらえば、ときどき力こぶがはいりすぎて説明がくどくなること、自説に執するあまり論調が狷介《けんかい》になることです。私の立ち位置は、本多の所説をおおむね踏襲しつつ、場合によっては原則にこだわらず臨機応変《プラグマティック》に対処することです。「たかが読点、されど読点」です。

## 語順と読点

**先生**　さて、作文で問題になるのは句読点の、読点（テン）のほうです。句点（マル）の問題は無視してかまいません。「句点は文の終わりを明示する。はい、説明終わり」です。もっとも、「文」とはなにかを言い出せば話はややこしくなりますが、ここでは作文との関連でポイントだけを確認するにとどめます。

私は「文」と「文章」を次のように使い分けます（ここまでも使い分けてきました）。「文」は言葉によって思想や感情を表現するときの基本単位である。形式的には句点（。）や疑問符（？）、感嘆符（！）などで終わる「語の集まり」を指す。「文章」は二つ以上の文からなり、「主張」を表現する「文の集まり」である。これが「文」と「文章」に対する私のスタンスです。

文について言えば句点などが来ないかぎりどんなに長くても――一〇〇字であろうが四〇〇字であろうが――文は文です。逆に「うれしい。」とか「始め！」のように一語で一文の場合もあります。文章についても「私はいま落ち込んでいる。就職活動が思うにまかせないからである。」のような二つの文からなる短い文章もあれば、論文や小説のような長い長い文章もある。

簡単なコメントを加えながら文を、統語的に――文の組み立てという観点から――まとめれば次のように分類できます。

単文＝「（主語―）述語」の関係が一つだけの文　◆今日の映画は面白かった。
重文＝単文＋単文〔対等・対立を表す「並立」関係にある文〕◆土曜日に都心に出て、（そして）ブティックで買い物をした。
複文＝主文＋従属文〔時間・場所・原因や仮定・譲歩・対立などを表す副詞節、「～するところの」を表す形容詞節（＝関係代名詞節）、「～すること」を表す名詞節などを含む文〕◆天気がよかったので、子どもと近くの遊園地に行った。

ところで、読点を打つときいちばん問題を引き起こすのは最後の複文です。複文は「名は体を表す」で、単文・重文に比べて複雑な構文になる可能性が高い。いきおい読みにくく分かりにくくなる。ただ、よくしたもので、それを防ぐ手立てはちゃんとあります。まず、すでに検討した語順を工夫することです。語順で処理できないときは読点の助けを求めます（すでに注意しておいたように、語順と読点は連動しています）。この適用順序は大切です。文を読みやすく、分かりやすくするためにはまず語順に、次いで読点に注目する。読点の文体的効果（強調など）を狙う場合は別ですが、この順番をくれぐれも忘れないようにしてください。

読点の問題を考えるために、まず次の例文を見ることにしましょう（一部変更・上付き小数字、野内）。

**【例文】**

(1) [1]「黒い魔物」のうわさは[2]東京中に[3]もう[4]ひろがっていましたけれど[5]そいつの正体を[6]はっきり[7]見きわめた[8]人は[9]ふしぎにも[10]だれも[11]ありませんでした。（江戸川乱歩『少年探偵団』）

ご覧のとおり一つも読点がありません。でも、読んだ印象はどうですか。

**ソメイ**　子ども向けの本ということで平仮名が多くて、ちょっと引っかかる個所がありますけど、まあ読みにくいということはないみたい。

**先生**　ナンデモくんの感想は？

**ナンデモ**　すらすら読めるんじゃないですか。

**先生**　思ったとおりの答えでした。もっとも、文節4と10を「広がっていましたけれど」「誰も」と漢字にすれば「分かち書き」の効果が出て、ソメイさんのご不満は解消されると思いますよ。この文は複文で、短い文章ではない。読点も一つもない。でも、それなのに読みにくくはない。なぜでしょうかね。文節の並び方に注意してください。

**ソメイ**　あら、長い順に並んでいますね。

**先生**　そのとおりです。すべての文節が長い順に並んでいます。そうするとここで一つの原則が導き出せます。《文節が長い順に並んでいるときは原則として読点を打つ必要はない。》その意味でこの「長い順」は自然で基本的な語順だと考えられます。ですから、これを「正順」（正しい語順）、またこの語順に外れたものを「逆順」（逆の語順）と呼ぶことにします。「正順」の文は読みやすい。改めて語順の重要性を思い知らされるはずです。

ここで私たちは、達意の文章を書くモットーを一つ手に入れました。

**【心得16】読点を必要としない「正順」の文を書くことにしよう**

それでは、ここで問題を出します。

**【問題3】** 掲出の⑴の文は読点を一つ打てばもっと読みやすくなる。いったいどこに打てばいいだろうか。

ナンデモくん、どうですか。

**ナンデモ** はい。文節4の「けれど」のあとに打てばいいと思います。

**先生** 正解です。⑴の文は先ほどの分類で言えば「けれど」という接続助詞でつながれた複文です。主節と従属節がかなり長く、おまけにほぼ同じ長さです。このように比較的長い文節が並んだときはその真ん中（切れ目）に読点を打ちます。この場合はたまたま主節と従属節という大きな文節に注目しました。ソメイさん、もっと小さい単位で考えるとどうなりますかね。

**ソメイ** 文節1と2のあいだ、また文節8と9のあいだに打てます。

**先生** そうですね。そうすると⑴の文は次のように読点を打てばよいわけです。

**【問題3解答例】**

⑵ [1]「黒い魔物」のうわさは（、）[2]東京中に[3]もう[4]ひろがっていましたけれど、[5]そいつの[6]正体を[6]はっきり[7]見きわめた[8]人は（、）[9]ふしぎにも[10]だれも[11]ありませんでした。

これ以上読点を打つ必要はない。カッコ内の読点を打つか打たないかは好みの問題です。私なら打たない。ただ、自分が選んだ方針（多め／少なめ）は途中で変えないほうがよろしい。

ここで読点を打つ一つの原則が確認されました。つまり、ほぼ等しい長さの、比較的大きい文節が「並立」するときは、その切れ目に読点を打つ。これが読点の一つの原則です。

## 読点の原則

**先生**　実は、読点にはもう一つの原則があります。こちらのほうが大切です。
いま問題にした(1)は児童向けの本から取った文ですが、引用するに当たって語順をいじり、読点をすべて取り去りました。今度は語順だけをもとにもどして引用します。

> (3)　[1]「黒い魔物」のうわさは[2]もう[3]東京中に[4]ひろがっていましたけれど[5]ふしぎにも[6]はっきり[7]そいつの正体を[8]見きわめた[9]人は[10]だれも[11]ありませんでした。

ご覧のとおり三つの文節2、5、6が、自分より長い文節をあとに従えています。つまり逆順です。逆順になるとその文節はすぐあとではなくて、遠くの文節にかかることになります。たとえば「[5]ふしぎにも[6]はっきり」はここだけ見ればたしかに長い順ですが、5は11、6は8へとそれぞれかかっていくことになります。だから「次の語ではなくて遠くの語へかかる」というサインとして読点を打つ必要が出てきます。文節2、5、6のあとに読点を打つ。念のため原文を写してみると次のようになっています。

「黒い魔物」のうわさは、もう、東京中にひろがっていましたけれど、ふしぎにも、はっきり、そいつの正体を見きわめた人は、だれもありませんでした。

明らかに読点を多めに打つ方針に従っているのが分かります。作品が児童向けであることを考えるなら妥当な方針です。

ここまでの議論から読点を打つ原則を引き出すことができます。

［1］短い文節が前に出たときは、その後に打つ
［2］ほぼ同じ長さの比較的大きな文節が「並立」するときは、その中間に打つ
［3］［1］と［2］にもかかわらず抵抗なく読める場合は打たなくてもよい

［3］の付帯条件があるため「読みやすさの読点」は絶対的ではなくて、書き手の判断にゆだねられることになります。一概には言えないが、読点の打ち方は文章の内容と想定する読者によって変わってきます。論文や評論、専門文書のような「かたい」文章では読点は少なくてもよろしい。エッセーや手紙、メールのような「やわらかな」文章は多めにする。実務文書や事務文書は両者の中間で、内容に応じて加減する。読者について言えば文章の内容と連動することが多い。高級な読

者であれば少なくてもかまわないが、年少者であれば多くしたほうがよい。だから読点の原則を杓子定規に振り回すのは考えものです。打つべき場合と、打ってはいけない場合さえきちんと押さえれば、あとは書き手の自由裁量にゆだねられます。

**ナンデモ**　先生、書き手の自由裁量にゆだねられますと、そう突き放されて言われても困っちゃうな。なんか大まかな方針みたいなものはないんですか。

**ソメイ**　わたしからもお願いします。あったら教えていただけません。

**先生**　それでは、先ほどの二原則と並行して、いちおうの目安にしていい読点の打ち方を紹介しましょう。

［1］　長い語群の後で――正順なので打つ必要はないのだが、打てば読みやすくなる。たとえば長い主語だとか、「～ので」「～したとき」「～して」などの後で
［2］「並立」関係に置かれた名詞、動詞、形容語の切れ目に――「平和、幸福、安心」「花の都、パリ」「しとやかな、美しい女性」「飲み、食い、踊る」
［3］　倒置法が使われたとき――「来たぞ、あいつが」
［4］　漢字あるいは平仮名ばかりが続いて読みにくいとき――「それはいったい、なぜなのか分からない」
［5］　助詞が省略されたり、感動詞が使われたりしたとき――「おれ、やるよ」「まあ、そんなところさ」

[6] 文全体にかかる副詞の後で――たとえば「たぶん」「おそらく」「事実」「無論」「たしかに」「ただ」など
[7]「……、と言う／と驚く」や「……、というような」といった引用や説明を表す「と」の前で（後に打つ場合もある）
[8]「しかし」「そして」「ただし」など接続詞の後で

**切れ目を示す読点**

**先生** 実をいえば先ほど確認した二つの原則は読点のもつ二つの機能に由来しているのです。

[1] 意味の切れ目を示す
[2] 遠くへかかることを合図する

[2] の機能のほうが本質的です。しかし [1] も徒《あだ》やおろそかにできません。この機能は強調する場合に発揮される。番号を振った読点に注目して次の引用文を読んでください。

仏教において無常とはなにか。無常は人間のあらゆる「苦」の(1)、元凶である。この世には永遠不変のもの（常なるもの）は存在せず、一切のものが生滅するものであり、いずれは消滅するべき定めにあると説く(2)、無常観はすぐれて倫理的＝実践的問題を提起する。心の平安としての悟りの境地に(3)、しっかり達するためには無常の現実を(4)、否定し乗り越えなければならない。（作例野内）

（3）は打ってもいいかもしれないが、普通はまあ打たないでしょう。ほかの三つは絶対に打ってはいけない読点です。読点を打てば確かに強調になりますが、文がまだあとに続くときにこのような読点の打ち方をされると、読者は読点［2］の機能を意識して遠くへかかっていくと勘違いして戸惑います。これはできれば避けたい読点ですが、ときどき見かけます。

ところで、本多の読点論は主に［2］の構文的機能に焦点を合わせています。文の構造（構文）を明示する機能こそが読点の本務であり、それ以外の読点の使用をなるべく排除する。本多の読点論が窮屈になってしまうのはそのせいです。いわば厳格主義。たとえば本多は次の文章に構文を誤解させる読点を指摘し、ナカテン（・）の使用をすすめます（傍線野内）。

試合は、大会随一とうたわれる東洋大姫路の左腕松本、一年生、十五歳で決勝戦のマウンドを踏む東邦の少年エース坂本両投手の投げ合いで進み、1─1のまま、決勝戦としては連続二年、八度目の延長戦になった。

「一年生、十五歳」の読点が槍玉《やりだま》に挙げられます。この不用意な読点のせいでその前にある「重要な」テン（「松本、」）が意味不明なものになってしまうということにあります。その理由は、「松本、」がずっと先の「両投手」にかかる「構文上のテン」だということにあります。もちろんこの指摘は正しい。ただ、その訂正案はかならずしも的確であるとは言えない。本多は「一年生・十五歳」と書き直すことを提案する。だがこの訂正案は妥当だろうか。なるほどそうすれば、たしかに「松本、」が「構文上のテン」であることがはっきりする。だが、私にはナカテンをわざわざ動員する必要性が認められないのです。ナカテンは目立ちすぎるので私はなるべく使わない方針です。原則として単語の列挙やカタカナ語中の区切りに限っています。そんなわけでほかに策がないということであれば致し方ないが、ここはそんな困ったケースではない。ほかに手立てがいくらでもある。たとえば等位接続詞を挿入して「松本と、」とすればよい。「並立」ということが明確になる。本多は反対するだろうが、この文節の受け皿である「両投手」の前に読点を入れて「……坂本、両投手」とすればさらによい。

私は、構文上の読点を乱さないかぎり、必要なら「意味の切れ目を示す」読点の使用には寛大です。平仮名や漢字が連続する場合に打つ読点も、分かち書きの効果を狙ったものです。

前記の「同じ長さ」の原則も［1］に関係していますが、別に長さにこだわらずにこの機能を援用することはいっこうに差し支えない。たとえば「明るい、美しい女性」「飲んだり、歌ったり、踊ったりする」。原則を振り回せばここに読点は必要ない。しかし「対比」や「並立」をはっきりさせたければ打ってもいっこうに差し支えない。

このように筆者が思いを込めて打つ読点を「強調の読点」と呼ぶことにします。

**【心得17】読点は短い文節が前に出たとき、あるいは長めの文節が「並立」するときに打つ**

## 読点を打ってみよう

**先生**　ここまでで読点についての必要な説明はすべて終わりました。それではこれから実際に読点を打つ練習をしていくことにします。まず手始めに江戸川乱歩『少年探偵団』の別の文章を取り上げましょう。

**【問題4】**　次の文章は原文から読点を削ってある。読者が子どもであることを想定して読点を打ちなさい。

[1]「二十面相、空中にのがる」との報が伝わると[2]警視庁や各警察署はいうまでもなく[3]各新聞社の報道陣は[4]たちまち色めきだちました。

[5]時をうつさず[6]警視庁首脳部の緊急会議が[7]ひらかれ[8]その結果[9]探照灯によって[10]賊のゆくえを[11]つきとめることになりました。

[12]まもなく[13]東京付近の空には[14]十数条の探照灯の光線が[15]入りみだれました。[16]戦争のよ

うなさわぎです。[17]都内の高層建築物の屋上からも[18]いくつかの探照灯が[19]照らしだされ[20]警視庁や新聞社のヘリコプターは[21]夜が明けるのを待ってとびだすために[22]エンジンをあたためて[23]待機の姿勢をとりました。

答えが出そろったようですね。原文（答え）を挙げれば次のとおりです（上付き小数字は残した）。

**【原文】** [1]「二十面相、空中にのがる」との報が伝わると、[2]警視庁や各警察署はいうまでもなく、[3]各新聞社の報道陣は、[4]たちまち色めきだちました。

[5]時をうつさず、[6]警視庁首脳部の緊急会議が[7]ひらかれ、[8]その結果、[9]探照灯によって[10]賊のゆくえを[11]つきとめることになりました。

[12]まもなく[13]東京付近の空には、[14]十数条の探照灯の光線が[15]入りみだれました。[16]戦争のようなさわぎです。[17]都内の高層建築物の屋上からも、[18]いくつかの探照灯が[19]照らしだされ、[20]警視庁や新聞社のヘリコプターは、[21]夜が明けるのを待ってとびだすために、[22]エンジンをあたためて[23]待機の姿勢をとりました。

原文を見てどういう印象を持ちました。

**ソメイ**　多すぎる感じがします。

**ナンデモ**　子ども向けの本なので読みやすさを考えて、読点を多めに打っているのかな。

**先生**　そういうことです。それでは順に見ていきましょう。

まず最初の文。文節１－４は長い順に文節がきれいに配列されているので――正順なので――読点を打つ必要はまったくない。読点を一つ打つとすれば文節１のあとに打てばいい。二つ打つとすれば文節２のあとかな。多めに打つ方針でも二つで十分。文節３のあとの読点は普通は打たない。というのも「は」は読点よりもはっきりと意味の切れ目を示し、遠くにかかる性質があるのでわざわざ打つ必要はない（第五章参照）。先ほど指摘した強調の読点です。

次に二番目の文。文節５のあとの読点は逆順による。文節７のあとの読点は「同じ長さ」の原則の適用。文節８のあとの読点は逆順のせいです。正順なら「つきとめることにその結果なりました」になるはずです。あるいは「関連性」の原則が適用されていると考えることもできます。「まもなく東京付近の空には、」の読点は逆順によるが、「まもなく」のあとは逆順の読点が必要なはずですが、時の状況補語は文頭に出しても抵抗感がないので落としたのでしょう。四番目の文はもちろん読点なし。

最後の文はかなり長い。四つの読点はすべて「同じ長さ」の原則に従って打たれている。ここの読点の打ち方は非常にバランスがよいのでいじる必要はないけれど、「読点少なめ」がお好みなら文節17の「も」のあとと、文節20の「ヘリコプターは」のあとの読点は取っても差し支えない。文節19の「され、」と文節21の「ために、」の読点は残すほうがいい。前者はこの長い文をほぼ二つに分ける「同じ長さ」の原則の適用。後者は「意味の切れ目を入れる」強調の読点。ここは正順なので読点は不要のはずだが、この読点は「ために」が「待機の姿勢をとりました」にかかっていることを明示しています。これがないと「エンジンをあたため」にかかると誤読されるおそれがあるのです。

**ナンデモ**　先生、説明はよく分かりましたけど、読点一つ打つにもいちいち文節の長さとか語順を分析しなければならないなんて、えらく面倒くさいなあ。腰が引けちゃうって感じです。先生、なんとかなりませんか。

**ソメイ**　ナンデモくんの言うとおりですわ。

**先生**　なんとかはならないけれども、まあ、心配ご無用。あまり神経質になるには及びません。文章を書いているときは、ごく自然に読点を打てばよろしい。文章を読み直したり、推敲したりするとき、読んでいて「おや」と感じたら読点をきちんと点検する。そのとき例の二つの原則を思い出せばいいのです。どうしても必要な読点と、どうしても避けたい読点とを除けば、打ち忘れても余分に打っても、まあどうということはない。谷崎潤一郎のような文豪でも「句読点と云うものも宛て字や仮名使いと同じく、到底合理的には扱い切れない」と鷹揚《おうよう》に構えています。だからといって谷崎の読点の打ち方がいい加減かというと、そういうことはない。けっこう「合理的」です。

**ナンデモ**　それを聞いて安心しました。でも、先生の話を聞いて、ぼくはどうも読点の打ちすぎだと気がつきましたので、これからは「少なめ」を心がけます。

**ソメイ**　今までとっかかりがなくて困っていたのですが、これで読点を打つ目安が得られました。ありがとうございます。

**先生**　前にも申し上げましたが、語順と読点に注意すると文章の直しはうまくいきます。ぜひ校正のさいに実行してみてください。
とにかく、あまり杓子定規にならないように。今も注意したようにぜったい必要な読点と、ぜったいに打ってはいけない読点を除けば、あとは気楽に構えることです。それに「強調の読点」も効果的に使えばいい。

### これが模範的な読点の打ち方

**先生**　児童向けの文章が続いたので、今度はもう少し大人の文章を俎上《そじょう》に載せましょう。串田《くしだ》孫一《まごいち》のエッセーです。本多は『実戦・日本語の作文技術』のなかで串田のことを自分の「テンの打ち方の原則とたいへん一致している文章家」と太鼓判を押しています。それでは串田の文章を使って読点の打ち方の練習をしましょう。

**【問題5】**　次の文章に読点を打ちなさい。
以前に私はある日本の風景写真集につける文章を書いたことがあった。一枚一枚の写真に文章をそえるというのではなく私は別に日本の自然の風景の美について書けばよかったのであるが出版社の意向をも入れて相談をした結果その文章を四つに分けて書くことを承知した。それは色と光と姿それに動・静を加えた。この四つのテーマははじめて考えることでもなかったしそんなに苦労せずに書くことが出来た。（「風景について」）

できたようですね。原文は次のとおりです（〔〕は野内）。

> **【原文】**
> 以前に私は〔、〕ある日本の風景写真集につける文章を書いたことがあった。一枚一枚の写真に文章をそえるというのではなく、私は別に日本の自然の風景の美について書けばよかったのであるが、出版社の意向をも入れて相談をした結果、その文章を四つに分けて書くことを承知した。それは〔、〕色と光と姿、それに動・静を加えた〔ものである〕。この四つのテーマははじめて考えることでもなかったし、そんなに苦労せずに書くことが出来た。

**ソメイ**　先生の方針と同じですね。

**ナンデモ**　これぞ模範的な読点の打ち方って感じだな。

**先生**　そのとおりです。非常に合理的な読点の打ち方です。〔〕内の二つの読点は私なら打たないが、強調の読点ということでしょう（最後の〔〕は文末の「受け」を加えてみた）。
次に、読点の打ち方の模範例として串田の文章を引きます。じっくり検討してみてください。

> 空の色、海の色、岩の色も私達の生活と全く無関係ではない。だが、それを生活と無関係に眺めていられる人もいる。漁師は空の色によって天気の変化を判断し、海の色によって潮の流

れ具合だの、魚の群の移動を判断する。こういう人達にとって、美しい感じは発生しない。発生しかけても不要のものとして捨てられる。漁師だの農夫だのは、長い間自然を相手に生活をしていて、その間には海が荒れるのではないか、旱《ひでり》が続くのではないか、というその仕事に直結した空の見方をしているが、何かのためにその仕事を離れると、海辺や田園の夕空の美しさが理解出来るようになる。（「自然の美」）

**微妙な読点**

**先生**　すでに「強調の読点」については何度も触れました。実はこの読点は曖昧さを解消するために使うこともできます。次に挙げるのは曖昧な文です。ナンデモくん、どういうふうに曖昧なのか説明してくれませんか。

(1)　彼女は上の空で話している彼を見つめていた。

**ナンデモ**　文脈があれば話は別だと思うのですが、この文だけからは「上の空で」が「彼女」にかかわるのか、それとも「彼」にかかわるのか特定できません。

**先生**　そうですね。それではどうすれば曖昧さをなくすことができますか。

**ナンデモ**　「彼女が上の空で」ならば⑵のように、「彼が上の空で」ならば⑶のように読点を打てばいいです。

⑵　彼女は上の空で、話している彼を見ていた。
⑶　彼女は、上の空で話している彼を見ていた。

**先生**　よくできました。読点は意味の切れ目を示すので曖昧さを解消することができます。ただ、この場合は語順によっても対応できます。次のようにすればいいのです。

⑵*　話している彼を彼女は上の空で見ていた。
⑶*　上の空で話している彼を彼女は見ていた。

どちらの手順でいくかは、対象とする文にもよりますし、また好みの問題もあります。ただ私の場合は、どちらかというと語順で処理するほうを優先します。

いま読点を打つことによって曖昧さをなくすことができる場合を話題にしましたが、逆によけいな読点を打ったばかりに曖昧になったり、分かりにくくなったりする場合があります。本多が注意しているように「構文上高次元のテン（文のテン）を生かすために低次元のテン（節のテン）は除くほうがよい」場合があります。あらずもがなの読点一つのせいで二人の学者が頭を悩ませた例を紹介します。

『月刊言語』（昭和五十八年三月号）で鄭譲がいろいろ論じたあげく「この問題は未解決のままである」と匙《さじ》を投げた城山三郎の文章について、北原保雄が提言を披露しています（『日本語文法の焦点』）。その提言については後ほど紹介することにして、まず問題の文章を読んでみてください（引用は北原から。傍線は鄭譲）。

> 街灯に腕時計をかざすと、八時半。ふつうのつとめ人ならともかく、庭野にとってときならぬ正月でも来たような、珍らしい早い時間の家路であった。いつも庭野が帰るころには、すっかり寝静って、ただ黒々と屋根と軒だけが続いている家並から、テレビやラジオの音、人声や食器を洗う音などが、きこえてくる。人が起き、人間らしい生活が営まれている時刻での帰宅であった。

論点は「いつも庭野が帰るころには」の読み方です。この文節は後続のどの文節にかかっているのか。どう思いますか。

**ナンデモ**　文末の「きこえてくる」にかかるんじゃないですか。

**先生**　「帰るころには、」と読点があるので、たしかにこの読みは成り立ちます。まず普通はそう読みたくなります。

**ソメイ**　でも、先生、そう読むと明らかにおかしなことになってしまいます。だって寝静まった静かな「家並から」さまざまな物音が「きこえてくる」ことになってしまいますもの。

**先生**　そのとおりです。よく気がつきましたね。その難点を避けるためにはどうすればいいでしょう。論者の鄭もそのことを考えました。

**ソメイ**　「帰るころには」がすんなりかかることができるのは「すっかり寝静って」しかないと思いますわ。でも、そうすると原文ではどうにもなりませんね。

**先生**　そういうことなのです。ですから鄭はそれを回避するために代案を示しました。狙い目は「すっかり寝静って」のあとに意味的な切れ目を入れることです。つまり「寝静っていた。今夜は……」と句点を入れること、あるいは「寝静っており、」と読点を打つことを提案しています。さあ、これで万事解決ですかね。

**ナンデモ**　えーと、ちょっと待った。あたりは「寝静って」いるんですよね。そうだとしたら「テレビやラジオの音、人声や食器を洗う音などが、きこえてくる」のはおかしいな。

**先生**　そのとおりだ、ナンデモくん。ここは普通の読み方ではダメなのです。そこで北原保雄の登場です。問題の文には「もう一つ別の読み方が可能である」と北原は言います。いろいろコメントしていますが、要するに「いつも庭野が帰るころには」を「すっかり寝静って、ただ黒々と屋根と軒だけが続いている」にかかると見るのです。つまり問題の文節は近くの述語にかかると解釈する。「家並」は、「いつも庭野が帰るころには、すっかり寝静って、ただ黒々と屋根と軒だけが続いている」のだが、今夜は、その家並から、テレビやラジオの音、人声や食器を洗う音などがきこえてくる、と読むわけです。

この二つの解釈を比較すれば、たしかに北原の読みのほうがしっくりする。この論議は北原に軍配を上げざるをえませんが、ただ鄭に同情すべき余地もあります。端的に、原文の読点の打ち方が悪い。こんな読点など打たずに、「いつも庭野が帰るころにはすっかり寝静って、ただ黒々と屋根と軒だけが続いている家並から」とすればよかったのです。問題の読点さえなければ、そもそもこんな論議は起こらなかったはずです。人騒がせな読点ですが、場合によっては読点一つ打つにも慎重でなければならないという警鐘にはなると思います。

**ナンデモ**　読点があれば遠くにかかっていくと考えたくなっちゃいますよね。

**ソメイ**　わたしも、まさかすぐ次の文節に関係しているなんて思ってもみませんでした。

**先生**　二人の論者の対応ぶりはとてもいい教訓を私どもに提供している。二人の論者は問題の読点があることを前提にして問題を展開したので、議論がややこしくなってしまったのです。「これは不要な読点かもしれない」と考える心の余裕がなかった。だれもがきちんと読点を打ってくれるわけではない。文章を読んでいて「おや」と思う読点に出会ったら、不要なものかもしれないと疑ってみることも必要でしょう。

## 【心得18】レベルの違う読点に注意しよう

**先生**　ソメイさんは今日で最後ですね。
**ソメイ**　まだお邪魔したいのですが、とても残念です。
**先生**　それでせっかくですので、ソメイさんが校正しているときに感じられたことをうかがえると有難いのですが。ナンデモくんにも参考になると思うのです。
**ソメイ**　わたし、校正をしているといってもボランティアですので、素人にちょっと毛の生えた程度です。
**先生**　そんなに謙遜《けんそん》することはありません。ぜひ体験談をお聞かせください。
**ソメイ**　それでは、感じたことをいくつかお話しします。先生のご意見もうかがいたいと思いますので。私どもの雑誌には文章を書き慣れない方々からの寄稿も多いのです。まず目立つのはいろいろな面での不統一ですね。たとえば漢字と仮名の使い分けなんかバラバラです。杓子定規な統一は控えていますが、あまり近いところでの不統一は困ります。せめて同じ段落や近くの段落では統一してほしいと思います。
**先生**　おっしゃるとおりです。
**ソメイ**　「事／こと」「時／とき」「物／もの」「何／なに」「方／ほう」などの使い分けもてこずります。それとワープロソフトの普及のせいなのかしら、漢字がやたらに多いという気がします。
**先生**　それは学生の文章でも同じですね。接続詞（然るに、又は、或いは）や副詞（屢々、甚だ）、形式名詞（事、物、時、所、為、筈）なども漢字にしています。紙面が黒々としている。

**ナンデモ**　漢字を多く使うと文章がカッコよく見えますよ。

**先生**　ナンデモくん、それは勘違いというもの。漢字と仮名は適当に配分したほうが分かち書きの効果が出て読みやすくなる。おまけに紙面もきれいになる。

**ソメイ**　先生、漢字と仮名の比率はどのくらいを目安にすればよろしいのですか。

**先生**　漢字が四、仮名が六かな。「やわらかな」文章なら漢字が三、仮名が七でもいいかもしれない。とにかく、仮名のほうを多くすることです。

**ナンデモ**　えー、本当ですか。漢字は少なめですか。これはいいことを聞いた。さっそく実行するぞ。

**ソメイ**　それから文末の問題があるかしら。「です・ます」調（敬体）と「だ・である」調（常体）の混用です。

**先生**　特別な文体的効果を狙った場合以外は混用はぜったいに避けるべきですね。それから文章は「だ・である体」で書くのが原則でしょう。

**ソメイ**　でも、最近いただく原稿は「です・ます体」の文章が多くなっているみたい。

**先生**　たしかに、一般的にそういう傾向は見られますね。でもやはり「です・ます体」の使用は例外と考えたほうがいい。「です・ます体」の使用は、話しかける調子や、ていねいさ、親しさが求められる講義・講演調の文章、子ども向けの文章、あるいは対人関係を強く意識した商業文、手紙などに限られます。

文末の問題ではまだほかにありますか。

**ソメイ**　「と思う」「と考える」で終わる文がけっこう多いのには驚きます。はなはだしいのになるとすべての文がこの表現で終わります。どうしたらいいのかなとつい思ってしまいます。あら、わたしもやってるわ。

**先生**　この癖は文章を書き慣れない人によく見られます。自分の意見を述べるのだからという判断が働いているのだろうが、そんな必要は毛頭ない。文章を書くということはそもそも「自分の考え」を表明することなのだから、「と思う」「と考える」といちいち断る必要はない。「何々だ」「何々である」と言い切ればよい。断定できないときには「だろう」とか「にちがいない」「かもしれない」「ではないか」とか言い替えれば済むことです。

**ナンデモ**　言われてみればまったくそのとおりだ。これからはなるべく言い切るように心がけよう。

**先生**　とにかく日本語は文末が難しい。文体はほぼ文末で決まる。「だ・である体」で書いても「です・ます体」で書いても、どうしても文末が単調になってしまう。特に「だ・である体」のときは「だ／である／のだ／のである」の使い分けには私もほとほと頭を悩まします。もっとも「のである」は重すぎるのでほとんど使わない（使うとすれば段落の最後か）。「のだ」は念を押すとき、強調するとき、理由を挙げるときに使いますが、やはり重くなるのでなるべく控えるようにしています。

問題は「だ／である」の使い分けです。いつも最後まで迷いますが、比較的「だ」を多く使うようにしています（校正では「である」を「だ」に直すことがほとんどです）。いずれにしても、「だ」

「である」(特に「だ」)は語調が強いので連続すると耳障りです。だから私は「だ」「である」そのものをなるべく使わないように気を配ります。ほかの表現法があるときはそれに替えます。たとえば「努力が必要だ／である」→「努力しなければならない」「努力することが求められている」。

**ソメイ**　あのー、質問してよろしいですか。

**先生**　どうぞ遠慮なく。

**ソメイ**　「美しいです」「ないです」は使わないほうがいいのですか。そんなことを小耳にはさんだことがあります。

**先生**　今の日本語では許容されていますが、私の語感では少し引っかかる用法ですね。この据わりの悪さは、「です」がもともと名詞・形容動詞につくという性質から来ているようです。こういう場合、私は「美しいのです」「美しくないのです」にするか、「美しい」「美しくない」と言い切ることにしています。

**ソメイ**　最後にお聞きしたいのは記号の使い方のことです。記号はなるべく使わないほうがいいと注意されたことがあるのですが、先生のご意見はいかがですか。

**先生**　疑問符や感嘆符、カッコ、リーダー(…)、ケイ(—)などは横文字からの輸入品で、漢字や仮名と相性が悪く、紙面が見苦しくなる、と考える潔癖な人もいるようです。でも、私はせっかく便利な補助手段があるのにそれを使わないのはもったいないと思います。ただ、疑問符・感嘆符は縦書きと相性が悪いようなのでなるべく使わないようにしています。「なぜ」とか「なに」など疑問文だと分かるときには疑問符は不要でしょう。感嘆符など使わなくても感情の高まりは言葉で表現できます。表現でカバーできるときはこの二つの記号は使わないほうがいいでしょう。余韻を表すリーダーも同様ですね。

**ソメイ**　先生はわりとカッコとケイをお使いになりますね。なにかお考えがあってのことですか。

**先生**　この二つの記号は縦書きの漢字・仮名と映りがいいような気がします。カッコとケイは補足・説明の役割を果たすだけでなく、別の視点も導入します。ちょうど劇における傍白《ぼうはく》のように。本文への著者のスタンスをつぶやいてみたり、読み手へちょっと語りかけてみたり。ただ、文の流れを遮ることには変わりはないので短く切り上げるのがコツでしょうね。

**ソメイ**　わたしの体験談どころか、またまた教えていただき恐縮です。本当に二回にわたりいろいろとありがとうございました。

## 【心得19】漢字は少なめにしよう

# 第五章●ハとガの関係

## ハは難物

ナンデモ　先生、こちらが元気一杯《ゲンキイッパイ》さんです。創作料理が評判の居酒屋の店主さんです。

ゲンキ　はじめまして。よろしくお見知りおきを。

先生　どういたしまして。こちらこそよろしく。創作料理ですか。面白そうですね。そのうち寄せてもらいますよ。それでまた、どうして私の話を聞こうなんて酔狂なことを思いついたのですか。

ゲンキ　今日はハとガの問題を取り上げるのだとナンデモくんから聞きまして、それでお邪魔させていただいたのです。このところハとガの問題でちょっとした疑問を感じているんです。チラシの文案を考えているのですが、「これが店長の今日のおすすめ料理です」と「店長の今日のおすすめ料理はこれです」のどちらを見出しに採用したらいいのか迷っているのです。

先生　その文は例文にうってつけですね。あとで使わせてもらいます。

ゲンキ　よかった。先生の説明を聞けば私の悩みは解消します。来た甲斐《かい》があるというものです。

先生　ハとガの問題は実は大問題なのですが、私たちはふだん話したり書いたりしているときハとガの使い分けに迷うことはありません。ごく自然に使い分けています。日本人ならそれはなんの不思議もありません。でも、なんかの折にハとガの使い分けにふと迷うことがあります。ハで読んでみたりガで読んでみたりする。でも決め手がない。そのとき私たちはハタと当惑せざるをえません。この両者を使い分ける判断基準を持ち合わせていないことを嫌でも思い知らされるからです。こんな基本的なことさえ知らない事実に愕然《がくぜん》とします。まさに、ゲンキさんがいま置かれている状況がそれです。

**ゲンキ**　先生のおっしゃるとおりです。いったいハとガの使い分けには原則みたいなものはあるんでしょうか。

**先生**　ハとガの使い分けの原則はいったいあるのか。あるとすればそれはなんなのか。この問題は日本語の本質に深くかかわっています。なぜか。第一回目のレッスンのはじめのところで私は、日本語はコンテクストに依存する言語であると指摘しました。まさにハとガの使い分けはその日本語の性格をよく示しているからです。

ハとガの問題をめぐっては「汗牛充棟」という古い成句が誇張でないほど多くの研究成果が発表されています。以下の説明は何冊かの参考書を踏まえていますが、とりわけ三上章『象は鼻が長い』『日本語の論理』に負うところが大きい。三上の主張を全面的に支持するわけではないが、意見を異にする場合でもその問題提起は実に刺激的です。

話を分かりやすくするために私の結論をあらかじめ示しておきます。ハはまずある場（範囲）を設定して、次いでその場（範囲）内での出来事を追う。それにひきかえガはほかの候補を排除して出来事を特定する。ハは円であり、ガは矢印である。ハはマクロの視点であり、ガはミクロの視点である。これが私のハとガに対する基本的なスタンスです。

**ゲンキ**　円と矢印の喩《たと》えは面白いのですが、具体的な例文で示していただけると有難いのですが。

**先生**　そうですね。たとえば、同じように「庭」が問題になっている次の二つの例文を読み比べてみれば、ハのスタンスとガのスタンスの違いがイメージできるのではないかな（例文は淺山友貴『現代日本語における「は」と「が」の意味と機能』による）。

> 九月になると紅葉が色づき、秋景色を賞《め》でるにふさわしい中宮の御殿の庭は、まことに美しかった。（田辺聖子『新源氏物語』）

> 大手門を入った。すぐ侍に案内され、奥へ通された。質素な書院だが、庭がうつくしい。
> （司馬遼太郎『国盗り物語』）

**ゲンキ**　最初の例文はカメラのアングルで言えば「引いている」感じですが、あとの例文はズームイン、対象に「迫って」いますね。「書院」と「庭」という二つの候補のなかから「書院」が排除され、「庭」が特定されています。この二つの例文から先生のおっしゃるマクロの視点、ミクロの視点がよく分かります。

**ナンデモ**　ゲンキさんはカメラが趣味なんです。

**先生**　なるほど、それでですか。なかなかうまく説明してくれました。つけ加えるものはなにもありません。ただ、ハとガの使い分けはいくつかの要件があって一筋縄ではいかないのです。マクロの視点とミクロの視点はその要件のなかの一つにすぎません。これから順を追って見ていくことにします。

**【心得20】ハは円（場の設定）、ガは矢印（対象の特定）**

### ハとガの使い分け

**先生**　いくつかの要件のなかでいちばん分かりやすいのは、「既知情報」と「新情報」の区別です。「既知情報」にはハ、「新情報」にはガがそれぞれ対応します。ハは既知情報を、ガは新情報を伝える――これがハとガの使い分けのポイントの一つです。

「既知情報」（主題）と「新情報」（伝えたいこと）は広くとってください。コンテクストから予想できる情報は既知情報です。コンテクストからは予想できない意外性のある情報は新情報です。既知情報はすでに話題になった事象にとどまらず、暗黙の了解事項や発話場面が指示する情報なども含みます。新情報はそこまで知られていなかった話題にかぎらず、既知情報でも発話者の判断で「情報的価値」を付与されたものは「新」と判断される。たとえば既知情報と思われていたヒト、モノ、コトが意外な動き（展開）を見せたときなどです。

例を挙げながらもう少し説明を続けましょう。

そもそも文は情報という観点からすると、三つの組み合わせが考えられます。既知情報だけの文は「確認する」という含意はありますが、情報的には意味がないので除外します。

［1］既知情報＋ハ＋新情報
［2］新情報＋ガ＋既知情報
［3］新情報＋ガ＋新情報

ふだんの会話では［1］のタイプが多い。たとえば「私は転職しました」とAがBに言ったとします。「目の前にいる」私だから既知情報だという軽い含みのこともあるし、「私についていえば」というもっと強い含みが込められていることもある。しかしこの両者に共通するのはハには「主題化」の働きがあるということです。

主題とは話し手がそれについて言いたいこと、説明したいことを指す。主題のあとにはそれについての解説（説明・コメント）が続く。これは「新情報」ということになる。主題を成立させる条件は一般的な事物であるか、指定されている自明の事物です。これは「既知情報」ということになります。

それでは「私は転職しました」という文を改めて考えてみます。今はあとの「強い含みが込められている」ケースであるとします。言い替えればAは「自分以外の人」と対比しながら「私」を問題にしている。ハは対比的主題化の働きがある。ここでの関心はその「私」が「どうするのか」「どうなるのか」です。ハはその後に知りたい／伝えたい情報が来る。「犯人はだれですか」という疑問文を考えてみればその経緯が分かるはずです。この場合、新情報は「転職しました」です。《ハ＋新情報》というわけです。たとえてみればハは円を描き（場を設定し）、円内のメンバーのふるまいを伝える。

今度は［2］を問題にしましょう。ここで、先ほどのゲンキさんの文をお借りします。

(1)　これが店長の今日のおすすめ料理です。

ここでは「これ」が新情報（伝えたいこと）です。先ほども指摘しましたように、ガはその前に知りたい情報が来る。「だれが犯人ですか」「彼が犯人です」というやりとりを考えてください。《新情報＋ガ》というわけです。たとえてみればガは矢印です。ゲンキさんの喩えを使わせてもらえばズームインのスタンスです。特定化です。特定された部分以外の候補は後景にしりぞけられる。排除される。ガは排他的特定化なのです。インパクトが強い。このガは強く発音されます。

**ゲンキ**　そういうことなのですか。言われてみて納得しました。たしかに(1)のように言われたら注文せざるをえない感じになりますね。見出しとしてはこちらのほうがよさそうですね。

**先生**　そうですね。特に、この場合は「新情報＋ガ」の部分が短いですから。ただ、「新情報＋ガ

＋既知情報」は「新情報」が先に出るのでどうしても唐突さが否めません。なにしろ予告なしの提示みたいなものですから。そういうわけで普通は［2］のタイプをやめて［1］に書き替えたほうが据わりがよくなります。

(2) 店長の今日のおすすめ料理はこれです。

その代わり(1)のようなインパクトはなくなります。ほかの料理でもいいかなという可能性がちらつく感じです。

**ゲンキ**　なるほどそうですね。あれ、ガがハに変わっていますよ。

**先生**　よく気がつきましたね。ここでハが使われていることから分かるように、［2］の「＋既知情報」は実は主題なのです。でも、それが見えにくい形なので、落ち着きが悪いのです。「＋既知情報」（見えにくい形の主題）をハではっきりと主題化する、この書き替えはけっこう使えます。「新情報＋」が長い場合にはとりわけ有効です。

ここで問題を出します。解いてみてください。

**【問題6】**　ガの重なりを避けてすっきりした文に書き直しなさい。

正月や盆に父の親戚が私の家におおぜい集まるのがとてもうれしかったことが今もなつかしく思い出される。

ナンデモ　わー、ガが三つも並んでいる。頭がこんぐらがっちゃうな。
ゲンキ　三番目のガが新情報を受けているガのようですね。
先生　そのとおりです。ゲンキさん、答えを言ってくれますか。
ゲンキ　はい。答えは次のようになります。

**【問題6ゲンキさんの答え】**
今もなつかしく思い出されるのは、正月や盆に父の親戚が、私の家におおぜい集まることがとてもうれしかったことだ。

先生　よくできました。正解です。ゲンキさんの答えはなにが話題（主題）になっているかが、早く示されています。問題文は文の落としどころが見えにくくて落ち着きません。
ゲンキ　ガが二つありますが、このままで構いませんか。
先生　構わないと思いますよ。でも、どうしても気になるようなら、《とてもうれしかったことで、今もなつかしく思い出されるのは、正月や盆に父の親戚が私の家におおぜい集まることだった。》とでもすればどうですか。もっともこの場合は、元の文の二番目のガ（「集まるのが」）が新情報を受けていることになりますけど。

## 【心得21】ハは既知情報であり、ガは新情報である

### ハとガのスタンス

**先生** ここまでの説明から、ハとガの使い分けのポイントは「既知情報」対「新情報」、それに「対比的主題化」対「排他的特定化」の違いだとお分かりいただけたと思います。しかし問題の情報を「既知」と見るか「新」と見るかは発話者の判断によります。つまり、ハとガの使い分けは文法的な問題(義務)ではなくて、使う人のスタンスの問題(選択)ということになります。

それでは、ハとガではスタンス(視点)にどんな違いが見られるのか。これはもうすでに触れました。ハは対象から「引いている」スタンス、ガは対象に「近づく」スタンスです。ハはマクロの視点であり、ガはミクロの視点です。したがってハよりはガのほうがインパクトが強い。ガは動作主(人/物)に焦点を絞る。主語を前景化させるときが、ガの出番です。ガは程度の違いこそあれ、かならず意外性を伴います。

それでは残った[3]の「新情報+ガ+新情報」を取り上げましょう。新情報だけからなるこの発話(文)はインパクトが強すぎてふだんの会話ではあまりお目にかからない。うーん、なにか適当ないい例文がないかな。そうだ、ゲンキさんの文を少し変えて例文を作ってみましょう。

(1)　店長のおすすめがこの料理です。

**ナンデモ**　なーんだ、［2］と同じじゃない？

**先生**　この文だけ取り出すとね、たしかに。ただ、コンテクストによっては「この料理」が新情報ということはありうる。

**ゲンキ**　そうだ、「この料理」がお客様の知らない外国料理だとか新作の創作料理だとか。

**先生**　ありがとうございます。なかなかいい例です。でも、普通なら店長がすすめないような、ありふれてはいるけれども予想外の料理でも構いません。「店長がすすめていること」と「この料理」が共に「伝えたいこと」なのです。このケースは言葉にしにくいな。会話だったら発音（強勢）だとか仕草に頼れるのですが。(1)の文を［1］のタイプに書き替えることはできません。述語の「新情報」が「既知情報」（主題）になってしまうからです。自信はありませんが、逆接の接続詞や「のだ／のである」を使えば二つの新情報のインパクトを表現することができるかも。

(2)　（ところが、）店長のおすすめが（ほかでもない）この料理なのです。

要するにガはハにはない文体的効果が認められます。ガは動作主を目立たせる。ガにはその前に来る事物に焦点を当てる働きがある。だから、既知情報・新情報に関係なく聞き手（読者）の関心を主語（動作主）に向けさせるときはガが出てくる。いちばん実際的な対応法は、ハを予想しているときにガが出てきたら、そのガは特別なガだと当たりをつけることです。

ガの用法はほとんどの場合「排他的特定」で説明できるのですが、ただ一つ例外があります。専門家が「現象文」と（「眼前描写」とか「中立叙述」とも）呼んでいる用法です。それは、新しい事態の出現を述べるので、形の上では「新情報＋ガ＋新情報」と同じになります。ただし、［3］のような強いインパクトはない。主な用法を挙げれば次のとおりです。

この町には古い寺がある。彼には三人の子どもがいる。（存在文）
雪が降り出した。日が昇る。（自然現象）
気持ちがいい。熱が出る。（感覚生理現象）
音楽が好きだ。コーヒーが飲みたい。（情意現象）
星が見える。窓が開く。（自発現象）

ただ、この「現象文」については私は専門家と異なる立場をとっています。基本的には［3］の「新情報＋ガ＋新情報」に含めることができると考えています（ただ現象文のガには強勢を置かない）。もともと現象文は新しい事態の生起を表すわけで、多かれ少なかれ意外性を含意している。ガの特定化（焦点化）の働きは作動している。だから現象文を特に取り出す必要はない。［3］と現象文の違いは意外性の強度でしかないのです。

ここまでの話をまとめると、ハとガの用法のチェック・ポイントは次の五つになります。

| | ガ | ハ |
|---|---|---|
| 提示 | 無題 | 主題 |
| 取り立て | 排他的 | 対比的 |
| 情報 | 新 | 既知 |
| コンテクスト | 自立的 | 依存的 |
| スタンス | ミクロ的 | マクロ的 |

ハとガの使い分けを検討するときはこの五つのポイントを参照すればよい。どれが決め手になるかはケース・バイ・ケースです。

### ハとガの使い分けの実際

**先生**　ハとガについての説明はここまで。それではこれからハとガの使い分けの実際を観察することにしましょう。次に挙げるのは私の作例です。語り手の「私」は女子大生で、以前住んでいた町を訪れるために船に乗っています。あとに出てくる「正彦」は親友という設定。

> 汽笛が⑴響きわたり、船は⑵大きく旋回する。私は⑶、港のベンチに腰かけている、白いティーシャツに黒いジーンズの正彦を見つけた。
> ゆっくりと船は⑷接岸した。船員が⑸ロープを投げ、タラップが⑹渡される。さんさん

と降りそそぐ陽光の中に乗客が(7)次々と降りてゆく。私もそのあとに続いた。

船室を出たとたん、外気が(8)むっと体をつつんだ。正彦が(9)すたすた近づいてきて、ぶっきらぼうに、

「待ちくたびれたぜ」

と言った。


順番に見ていきます。
(1)は現象文のガです。新情報です。
(2)のハはコンテクストが指示する既知情報です。ただ、ここはガを使用することも可能です。
**ナンデモ**　ガだとどう違ってくるのかな。
**先生**　「大きく旋回する」ものとしての船がクローズアップされます。「汽笛が」がそして「船が」と出来事の継起性が示されることになります。
(3)と(4)はコンテクストが指示する既知情報としてのハです。
(5)(6)(7)は現象文のガで、新情報です。一連の出来事が次々と描写されています。
(8)と(9)は現象文のガです。
**ナンデモ**　ここは両方ともハが可能じゃないかな。ぼくにはうまく説明できないけれども。
**先生**　そのとおりです。ここはハが使えます。「外気は」とするとコンテクストが問題化します。「船室内の空気はむっとしていなかった」ことがほのめかされる。対比の効果です。(9)の場合はハ

のほうが自然かもしれない。すでに「正彦」は紹介されているのだから。しかしわざわざガを使ったのはズームインして「すたすた近づいて」来る「正彦」を強調したかったからです。（8）と（9）の二つのガは意外性を含意しています。

ここまで登場したハとガは特に問題はありません。前に説明したとおりの用法です。では、このあとに続く場面として、次はどうかな。問題を含むケースが出てきますよ。

> 「元気そうね」
> 　と私が(10)言うと、
> 「まあな」
> 　とぽつり言って正彦は(11)先にずんずん歩きはじめた。

（10）にはハを使うことができません。話を分かりやすくするために問題の文を次のように書き直してみます。

> 「元気そうね」と私が言うと、正彦は「まあな」とぽつりと言って（↑正彦は）先にずんずん歩きはじめた。

ナンデモくん、「私が」の代わりに「私は」にするとどういう感じがしますか。

**ナンデモ**　たしかに「と私は言うと、正彦は……」は引っかかりますね。「私は言うと、私は……」ならおかしくはないですけど。

**先生**　もちろん。その場合はあとの「私は」は落としますけどね。(10)にハが使えないのは「主題」(既知情報)の問題がからんでいるからです。主題(ハ)は主節に関係します。いま「私は言うと、(私は)……」ならおかしくないのはこの場合は、「私」が従属節(〜と)から外れて主節に移行したからです。主節の支配下にある従属節の内部では独自の主題(ハ)を立てにくいのです(例外は依存度が弱くて比較的独立している並立や逆接や引用を示す節)。「私が言うと」は主節に対する依存度の高い従属節ですのでハは使えないのです。

原則としてハは従属節では使用できないと考えてよろしい。この規則は作文をする上で大切なポイントになりますので、しっかり頭に入れておいてください。

ご覧のとおりハとガの使い分けはビミョウです。発話者の視点・スタンスが決め手になるからです。実際問題としてはすでに指摘したようにガに注目すればよい。おやと思うガは排他的特定で、含意が込められています。どうです、ハとガの使い分けの要領が飲みこめましたか。

**ゲンキ**　だいぶ分かってきました。

**ナンデモ**　とにかくガに注意すればいいのかな。なんだかますます分からなくなってきちゃった。

**先生**　ナンデモくんの戸惑いは一過性のものだよ。気にする必要はない。それではここで問題を出します。**【問題7】**はナンデモくん、**【問題8】**はゲンキさんにやってもらいます。

**【問題7】** 次に挙げるのは、よく知られた「炭坑節」の歌詞（一番）である。番号と傍線を振った語は既知情報か新情報かを言いなさい。

[1]月が [2]出た出た　月が出た
三池炭坑の　上に出た
あまり [3]煙突が [4]高いので
さぞや [5]お月さん [6]けむたかろ

**ナンデモ**　1から4はみんな新情報です。この三行は現象文ですね。5は既知情報です。だからここはハが省略されています。

**先生**　よくできました。この現象文はインパクトの強いタイプです。それでは、ゲンキさん、どうぞ。

**【問題8】** 次のカッコのなかにハかガを入れなさい（小説の冒頭であることに注意すること）。

電線に鳩《はと》（1）二羽とまっている。

一羽（2）先に舞い下りてとまり、それを追いかけてもう一羽（3）、からだひとつ離れて隣りへとまったのだ。電線（4）わずかに揺れ、二羽（5）波乗りでもしているようにからだを揺らしていたが、揺れ（6）納まると一羽（7）羽《は》づくろいをはじめた。

「番《つが》いなんだわ」

窓ガラスに額をくっつけて見下しながら、巻子（8）嬉しくなった。
そう思って眺めると、羽づくろいをしているほう（9）、ひと廻り小振りに見える。撫《な》で肩でからだつきも丸っこいように思える。
窓は五階である。巻子の勤め先の、女子手洗所の窓だから、窓の向う側は見馴れた四角い景色である。（向田邦子「三角波」『男どき女どき』）

**ゲンキ**　うーん、難しいですね。どちらも可能なものが多いな。はっきりしているのから言います。初出だから（1）はガです。現象文のガです。それから（6）はガです。「揺れはゝ納まると」は据わりが悪い。例の従属節中のガですか。

**先生**　いい感じですね。

**ゲンキ**　そして（8）はハです。初出ですが小説ではよく、主人公がいきなりハで紹介されますから。

**先生**　小説の冒頭によくある登場人物の暗黙の前提（設定）です。既知情報として提示することで読者を物語のなかにいきなり誘い込んでしまうテクニックです。

**ゲンキ**　残る六つはどうも……。

**先生**　そうですか。答えてくれた三つは正解です。残りはおっしゃるとおり、たしかに両方とも可能です。原文の使い方と付き合わせながら一つ一つ確認していくことにしましょう。ナンデモくんも意見があったら遠慮なくどうぞ。

まず（2）と（3）ですが、原文ではガです。

**ナンデモ**　二羽の鳩は既知情報だからハじゃないかな。ぼくならそうするけども。

**先生**　引いているスタンスだと、なるほどそうなるかな。ここでは二羽の鳩が問題になっている。二つの候補の個々にズームアップすればガになる。ここでは個々の鳩（動作主）のふるまいに焦点を合わせているのでガをあえて使ったのでしょう。

（4）（5）は原文ではハです。「電線」と「二羽」を既知情報として扱い、マクロの視点で光景を「引いて」捉《とら》えています。

**ゲンキ**　先生、ここは両方ともガを使えませんか。

**先生**　おっしゃるとおりです。そうすると（2）と（3）のガと連動して一連のアクションが次々と描出される感じになります。私はこちらのほうをとりたいですね。

（6）は先ほど見た従属節中のガですが、ミクロの視点も生きています。

（7）はミクロの視点ということで原文ではガになっていますが、既知情報扱いで「一羽は」とすることも可能です。（8）は問題なし。

（9）はどうですか。原文ではハですが。

**ゲンキ**　ガでもいいのではないですか。むしろガのほうがいいように思います。

**先生**　ナンデモくんはどう思います。

**ナンデモ**　そう言われてみるとそんな気がします。

**先生**　たしかに「～のほうは～より～だ」という比較表現はちょっと引っかかる。たとえば「神戸の街並みのほうは大阪よりセンスがある」はおかしいですよね。この比較表現（ほう）は排他的特定のバリエーションですから。二つの候補の一方が強く選択されている。だから「神戸の街並みのほうが大阪よりセンスがある」とすべきです。でも、「神戸の街並みは大阪よりセンスがある」は可ですよね。この場合比較とはいっても「排他的特定」ではなくて、「対比」が問題になっています。おそらくこの場合も作者はもう一方の鳩を視野におさめています。愛情を込めて。「対比」のスタンスをとっています。片方だけではなく両方に気を配っている。その気配りが作者をしてハを使わせたのでしょう。

**ゲンキ**　説明をうかがって、ハとガの使い分けはビミョウだとつくづく思いました。

**先生**　発話者の視点・スタンスが関係していますから、どうしてもそうなってしまいます。でも、あまり神経質になる必要はありません。読点と同じです。読んだり書いたりしているとき疑問が出たら、さっきのチェック・ポイントを参照すればいいのです。

**【心得22】従属節中のハの使用は要注意**

## ハはヘンゲする

**先生**　ここまではガと競合するハを見てきました。この対照があまりにも鮮明すぎるせいでしょうか、ハは主語の働きしかしないと思い込んでいる人が少なくない。

**ナンデモ**　あれ、そうじゃないんですか。

**ゲンキ**　私も気がつかなかった。

**先生**　とんでもない誤解なのですが、そんなこと知らなくても、日本人ならちゃんとハを使いこなしています。安心してください。そうなのです、ハはいろいろな助詞を兼務できるのです。

(1)　今日できることは明日に延ばすな。（ヲ）
(2)　外国は行ったことがない。（ニ／ヘ）
(3)　メールは心のうちが伝わるかどうか。（デ）
(4)　日本は人口が多い。（日本ノ人口は多い。）
(5)　静岡は黒はんぺんが名物です。（静岡ノ名物は黒はんぺんです。）

**ナンデモ**　ノの兼務は知らなかったなあ。

**ゲンキ**　私もです。

**先生**　そういう人ってけっこう多いのです。特に(5)のタイプの「ノの兼務」に注意すると、文を明快にすることができます。

(6)　日本経済の停滞は輸出の不振が〔その〕原因である。

この文は「原因」を前に出したほうが文がすっきりします。(6)はハの兼務を解けば次のように書き替えられます。

(7)　日本経済の停滞の原因は輸出の不振である。

**ナンデモ**　あれ、この書き替え、前にやったのと似てるなー。えーと……。

**ゲンキ**　ほら、例の《新情報＋ガ＋既知情報↓既知情報＋ハ＋新情報》の書き替えだよ。

**先生**　ゲンキさんのおっしゃるとおりです。こちらのほうが少し複雑ですが、「主題化」という方略では共通しています。要するに、なにが話題（主題）かを早く知らせることです。

　大切なことなので説明を繰り返しますよ。(6)と(7)はどう違うのか。違いは「原因」を取り出して主題化したことです。あくまでも文体上の違いです。(7)は主題の「原因」が前に出ているので話の流れがつかみやすい。明快です。ただ、そっけない冷たい印象は否めない。(6)は主題が後ろにあるので話の流れがつかみにくい。明快さに欠ける。ただ気を持たせるぶん、意外性や面白みがある。(6)と(7)のように短い文では両者の違いが感じ取りにくいかもしれませんが、文が長くなるとその差は歴然としてきます。試みに(6)と(7)を少し長くしてみましょうか。

(6)*　日本経済の停滞は、自動車の輸出が円高の影響で不振なことが原因である。

(7)＊日本経済の停滞の原因は、自動車の輸出が円高の影響で不振なことにある。

どうです、さっきより両者の表現効果の違いが感じられるでしょう。（6）のタイプは芸術的な文章には向いているかもしれないが、本書が問題にしている実用的な文章ではまどろっこしい感じがします。実用文では「主題は前に」を心がけるべきです。あまり知られていないノの兼務の説明についつい終始してしまいました。ほかの兼務についてはお二人におまかせします。自分で考えてみてください。

ともかく、ちょっと引っかかるハを前にしたときは、どの助詞を兼務しているか確かめるようにしてください。

## 【心得23】ハの兼務に注意しよう

### ハは高飛びする

**先生**　ハはいろいろな助詞に姿を変えるだけではありません。前にちょっと触れたように、ハは大きく遠くへかかることができます。「読点越え」と「文越え」の働きです。たとえば私の作った次の例文を見てください。

**【例文】**

この本は書名に引かれて買った。家に帰ってすぐに読みはじめたが、すごく興味をかきたてられて、一晩で読み切ってしまった。今まで知らなかったことを色々と教えられた。一人でも多くの人に読まれるといいと思った。

傍点を振ったハは最後の文までかかります。おまけに、さまざまな助詞を兼務しています。兼務の実際をいちいち書き込めば次のような文章になります。

**【ハの兼務を書き込んだ例文】**

この本の書名に引かれてこの本を買った。家に帰ってすぐにこの本を読みはじめたが、この本にすごく興味をかきたてられて、一晩でこの本を読み切ってしまった。この本から今まで知らなかったことを色々と教えられた。この本が一人でも多くの人に読まれるといいと思った。

**ゲンキ**　まるで七変化《へんげ》、七段跳びですね。

**先生**　うまいこと言いますね、ゲンキさんは。支配圏の大きさ、この点がハとガの根本的な違いです。ガは小さく近くの述語にしかかかることができない。原則として節（名詞節、形容詞節、副詞節）を越えることはできません。

ゲンキ　ハの支配力はすごいんですね。いや、知りませんでした。いい勉強になります。兼務もすごいですね、まさに八面六臂《はちめんろっぴ》、ちょっと大げさですか。

先生　いや、そんなことはない。先ほどの喩えもそうでしたが、ゲンキさんはなかなかうまい表現をしますね。ナンデモくん、八面六臂という四字熟語を知っている？　知らないか。もともとは仏像などが八つの顔と六つの腕を持つことで、あらゆる方面でめざましい活躍を見せることだよ。

ところで、いま見たのは単純な例だから、まあいいようなものですが、これが込み入ったケースになるとハの「読点越え」「文越え」は文章を読みにくくします。分かりにくくします。すでに繰り返し指摘したことですが、ハは「ゆるい」かかりです。言い替えればハのあとではいったん「切れる」感じです。切れたあともハの力は遠くまで持続するので、先へ進むうちにいろいろな文の要素が次々と割り込んでくる可能性があります。そしてその結果は、長文の悪文です（例文は次章に待つ）。

それでは問題を出します。

【問題9】　傍線部の主語はどれか。

彼は出張の準備にとりかかった。まず妻が、いつものとおり用意しておいてくれた身の回り品をスーツケースに入れた。物音に気づいたのか妻が目を覚まし部屋にはいってきた。（作例野内）

**ナンデモ**　「妻」です。ガのあとに読点がありますから、遠くにかかっているんです。

**ゲンキ**　でもナンデモくん、そうだとすると最後の文の「妻」はどういうことになるの。「妻」が二人いることになってしまうよ。

**先生**　ゲンキさんの言うとおりです。もう一度問題文をよく読み直してみて。

**ナンデモ**　あ、そうか、第一文の「彼」か。文越えのハですね。「妻が」のガがあるからいけないんだ。このガが悪い。こいつが諸悪の原因だ。

**先生**　ナンデモくん、きみの気持ちはよく分かるけれども、まあ抑えて。たしかにこのガは「問題アリ」です。打ってはならない読点です。きみの誤読にも同情の余地がある。この読点は「強調」のために打たれた読点と考えることができる。ただ、さっきも説明したようにガはいちばん近くの述語にかかっていくのが原則です。あとに読点が来てもその原則に変わりはない。だからこの場合、「妻」は「用意しておいてくれた」にかかっていく。前にも注意したように、ガは節（この場合は形容詞節）を越えることはできない。「入れた」の主語は前の文の「彼」ということになる。ハの文越えの力が発揮されたのです。「ガは近くの述語にきっちりかかり、ハは遠くにゆるくかかっていく」という原則をここでも改めて確認してください。

## 【心得24】ハの読点・文越えの支配力に注意する

第六章●長文を仕立て直す

## 文で考えるということ

**カタイ**　はじめまして。固衣《カタイ》御人《オヒト》です。市役所の生活文化局市民生活課に勤めています。市民の方々のいろいろな団体と接触しますので、連絡の文書をよく書きます。でも、私の文章は分かりにくいと、評判があまりよくありません。そこでなんとかならないものかと考えていたところ、ナンデモくんから先生のことをお聞きしたものですから。よろしくお願いします。

**先生**　分かりにくい文章だということですが、もう少し具体的に言っていただけると。

**カタイ**　なんか文章がだらだらして、締まりがないというか……。

**先生**　あ、分かりました。つまり、文が長いのですね。

**カタイ**　そうです、そうです。

**先生**　実はここまで「語順」「読点」「ハとガ」と順番に見てきたのですが、どの場合も問題が出てくるのはたいてい長文がいちまい噛んでいました。どうやら長文が「悪文」の温床のようです。長文を書かないようにすることが、達意の文章を書くための近道ということになります。

**カタイ**　私も何冊か文章読本を読みましたが、どれもが「短文を書け」というスローガンを判で押したように繰り返していました。

**先生**　ということは裏を返せば、短文を書くことが実際にはなかなか実行されていないということです。

**ナンデモ**　ところで、短文、短文とはいうけど、短文とはいったいどのくらいの長さの文を指すんですか。

**先生**　ナンデモくんの言うとおりです。それがはっきりしないと、たしかに話が空回りするおそれがあります。ここで短文の定義をくだすことにします。私が以下で「短文」という場合は、次の条件をすべて満たしている文のことを指します。

［1］　長さは句読点込みで上限、五〇字から六〇字
［2］　「〜するとき」「〜だから」「〜だけれども」「〜が」などの従属節（副詞節）は一つまで
［3］　「〜し（て）、」「〜で」などの並立・列挙する言い方は二つまで
［4］　長い形容詞節（＝関係代名詞節）は含まない

　この四条件を満たさない文を私は「長文」と見なします。

**カタイ**　私が役所で書く文はすべての条件に外れています。そうとう重症の悪文のようです。

**先生**　カタイさんだけではありません。世の中には長文の悪文がはびこっています。短文がいいと

頭で承知していながら、いざ書く段になると長い文になってしまう。どうしてそうなるのか。文を短くすることなど、いとも簡単にできるような気がしますが、どうもそうではないらしい。この問題は考えること（思考）の本質にかかわっているらしい。その理由を考えるために「文」が生まれるプロセスを少し観察してみましょう。

文章を書こうとするとき、さまざまな想念が私たちの頭の中を去来する。最初は漠然としていた想念がしだいに形をとりはじめる。そうして、ある瞬間からその想念を言葉で言い表したいと思うようになる。想念は切れ目のない流れです。そこに切れ目（節目）を入れると「文」が生まれる。「文で考える」というのは思考の流れに節目を入れることです。最初は大まかな節目しか入れることができない。そう考えると、むしろ長い文はごく自然な結果なのかもしれませんね。このことは文章を書き慣れない人の場合を考えればすぐに合点がいきます。たとえば学生の提出するレポートや答案はいったいに文が長い。長いというよりはだらだらしていると言うべきでしょう。短い文に出会うことは滅多にない。

「文」を書くということは「選択」です。語（内容）と構文（形式）という二つの軸上の選択の結果として「文」が紡ぎ出されます。どの構文を選ぶか。どの語を選ぶか。この選択がきちんとしていれば短い文が書けます。選択がはっきりしないと「語」が重なり「構文」が並立し、その結果は長文です。つまり短い文を書くには「ふんぎり」が求められます。「いさぎよさ」と言ってもいいかな。この「ふんぎり」「いさぎよさ」がなかなか付かないのです。

**カタイ**　おおせのとおりです。

**先生**　でも、気に病む必要はさらさらない。はじめから気張って短い文を書こうとしなくてもいいのです。自然体でいく。「長い文を書くのは当たり前、あとで推敲のときに大鉈《おおなた》を振るえばいい」──そんな軽いフットワークもこのさい必要ではないでしょうか。

**カタイ**　なんだか気が楽になりました。

## 【心得25】文の長さの上限は五〇字から六〇字

### 悪文の正体

**先生**　「敵を知り己を知れば百戦危うからず」という名言もあります。短文を書くためには、まず長文の手の内を知らなければならない。ということで以下、長文の検討に取り組むことにします。

ところで、長文かならずしも「悪文」と決めつけることはできません。長文でもすばらしい文はあります。また長文でなければ表現できない内容もあります。それではなにをもって悪文とするのか。書名がそのものずばりの『悪文』という本のなかで岩淵悦太郎《いわぶちえつたろう》は次の四つのタイプを挙げています。

#### (1)　分かりにくい文章

(2)　誤解される文章
(3)　堅すぎる文章
(4)　混乱した文章

まあ、妥当な腑分《ふわ》けでしょう。共通して言えるのは、悪文を書く人は読者への気配りが欠けているということです。すでに別のところで「読者の身になって書こう」とおすすめしたが、悪文を避けるためにもぜひ、このモットーを実行するべきです。読者の目線を意識することは作文術の基本的なエチケットです。

長文を仕立て直すにはコツ（定石）があります。慣れてくるとそんなに苦にならない。このコツをマスターすれば、人の文章を直せるだけではなくて、自分が書いた悪文もなんなく直すことができるようになる。先ほども言及したように、実際に文章を書いてみれば分かることですが、はじめから短文を書くのはけっこうしんどい作業です。草稿の段階では短文をあまり意識せずにどんどん書き進める。文章には勢いというものがある。その勢いを殺《そ》がないことが上策です。推敲の段階でゆっくり長文を「剪定《せんてい》」してもおそくはない。そのためにも長文仕立て直し法のコツをしっかりと会得したいものです。

問題になるケースは次の六つです。

(1)　「が、」の多用

(2)「～し、」「～て、」「～で、」など中止法（後出）
(3)「～だから」「～ので」など副詞節
(4)「～するところの」など形容詞節
(5) 長い名詞節
(6) 長い述語

これから順番に見ていくことにします。

## 【心得26】長文は悪文の元凶

### 「が」は手軽な接続語

**先生** 長い文を作る元凶の一つに接続助詞の「が」（以下「が、」と表記）があることはよく知られています。『論文の書き方』のなかで清水幾太郎《しみずいくたろう》は曖昧な「が」の説明のためにⅢ章全体を割いてその使用を厳しく戒めています。そして、《「が」を警戒しよう》と標語まで作りました。さらに清水は次のようにも言います。「「が」という接続助詞は便利である。一つの「が」を持っていれば、どんな文章でも楽に書ける。しかし、私は、文章の勉強は、この重宝な「が」を警戒するところから始まると信じている」。清水の標語は多くの文章指南書が復唱することになりました。たしかに「が、」はお手軽な接続語です。ただ、すべての「が、」を目の敵にする必要はない。問題のない「が、」もあるからです。

**カタイ** そうすると一口に「が、」といってもいろいろあるというわけですか。

**先生** ええ、そうです。このさい「が、」の用法をきっちりと押さえることにしましょう。「が、」には主に四つの用法があります。

(1) 逆接関係を表す——「頑張ったが、だめだった。」

(2) 二つの文をとりあえずつなぐ——「昨日は都心に久しぶりに出たが、レストランで食事をした。」

(3) 前置き・予告的内容を表す——「このことはよく知られていることだが、あのデパートは店員の対応がいい。」

(4) 補足的説明をする——「あの女優は、「恋多き女性」ともっぱら評判だが、またしてもさる実業家との浮気が取りざたされている。」

**ナンデモ** どの用法が問題なのかな。ぼくにはみな同じように思えるのですが。

**カタイ** (3)と(4)の用法はべつだん問題がないように見えますね。情報を補足しているだけですから。

**先生** おっしゃるとおりです。問題は(1)と(2)の用法です。(1)の「が、」が本来の用法です。「のに」

「けれども」を含意しますが、「逆接」関係を明示しないので、無規定的で曖昧な(2)の用法とまぎらわしい。(1)の用法であれば「頑張ったが、しかしだめだった」と「逆接」の観念をはっきりさせる必要があります。(2)の場合であれば「昨日は都心に久しぶりに出たので、レストランで食事をした」と「因果関係」を明示すべきです。

**カタイ**　そうすると、要は因果・論理関係をうやむやにしてしまう「が、」の使用をやめればいいという話ですか。

**先生**　そういうことです。このタイプの「が、」が文を長くし、曖昧にする元凶です。(3)と(4)の「が、」は遠慮なく使って構いません。たとえば次の例は(4)の用法です（傍線野内）。

> 豚もおだてりゃ木に登る——あ、これは少々適切でないかも知れないが、自分で自分をおだて、肌をおだて、その気にさせれば、いつかはカトリーヌ・ドヌーブの白いなめらかな肌も自分のものになるかも知れないのだ。（向田邦子「パックの心理学」『眠る盃』）

カトリーヌ・ドヌーブといっても若いナンデモくんはご存じないかもしれないが、ああ、やっぱりそう。一九四三年生まれのフランスを代表する美人女優です。ミュージカル映画『シェルブールの雨傘』がいちばんポピュラーかな。

おっと、つい話が脱線。要するに、前置き的な「が、」と挿入的な「が、」は神経質になる必要はない（後ほど、前置き的な「が、」の効果的な使用法を提案します）。それ以外の「が、」は「要注意」

です。分かりにくい長文には必ずといっていいほど「が、」がからんでいます（というわけで「が、」についての練習問題はほかの長文仕立て直しのなかに組み込んでおこなうことにします）。この事実を踏まえると、とりあえずすべての「が、」の使用を禁欲的に控えるというのも一つの行き方かもしれません。私自身も若いころ清水の評語を金科玉条にして「が、」をいっさい使わなかった時期があります。

## 【心得27】曖昧な「が、」に注意しよう

### 中止法は早く中止すべし

**先生**　今度は(2)の中止法がらみのケースを取り上げることにしましょう。

**ナンデモ**　先生、中止法について説明してくれませんか。ぼくは国文法が大の苦手で。

**カタイ**　私からもお願いします。

**先生**　承知しました。中止法は動詞・形容詞・形容動詞を連用形にしていったん文を止め、さらに文を続けていく用法です。連用形は動詞・形容詞・助動詞など活用する語に連なっていく活用形という意味。連用形は動詞なら「ます」、形容詞・形容動詞なら「て」「で」がつく活用形と思えばいい（漢語系の形容動詞なら「と」「として」）。たとえば、

人びとは飲み、歌い、踊った。（動詞）
海は青く、広い。（形容詞）
彼女は楚々《そそ》と（して）、しとやかで、控えめだ。

ただし、長文との関係が問題なので、ここでは中止法を広くとって「て」「で」「ので」を伴った形も含めることにします。実際には中止しているのか、次の文節にかかっている（修飾している）のかまぎらわしい場合もありますが、ここでは気にする必要はありません。

むすんで ひらいて 手をうって
風が強くて、冷たいので、外出するのがおっくうだ。

中止法を使えば文はいくらでも長くできます。しかし、中止法を使った長文がいつも読みにくかったり、分かりにくかったりするかというと、かならずしもそうとばかりは言い切れない。次の文章を読んでみてください（「カワモ」と「カモク」はカワウソの名前）。

カワモとカモクは谷川にとびこみ、ネズミたちはふたたび石の上を走り始めました。
あれよあれよという間に、走りくだる細い谷川は渓流《けいりゅう》になり、その渓流はまた谷川を集め、みるみるふくれあがり水量をまし、底を深くし、あわだち、とびはねながら勢いよく流れ下っていきます。渓流の両側の崖《がけ》は、せまり、退《しりぞ》き、次第《しだい》に広く谷間をひろげていきます。雑木《ぞうき》林《ばやし》はあいかわらず、あわい緑の葉をかすかな風にそよがせ、白と黄とピンクの花は雑木林を色どっています。（斎藤惇夫『ガンバとカワウソの冒険』）

**ナンデモ**　中止法が連発されているけど読みにくくはないですね。むしろスピーディな躍動感を伝えているんじゃないですか。

**先生**　ナンデモくんの言うとおりです。中止法がたたみかけるように使われていますが、別に読みにくいということはない。この本が児童向けの童話であることに注意してください。こんなに中止法を重ねて使っても子どもにもちゃんと理解できるということです。このように出来事の流れを時系列に従って記述している場合は、いくら中止法を使っても分かりにくくはならない。ただし、これが許されるのは語られる内容が単純な場合――出来事・行動・風景など――にかぎられます。少し込み入った内容になると、とたんに読みづらくなります。中止法は一文中に二回までにとどめるべきです。中止法が多用された文の仕立て直しは簡単です。ただ切る、そして必要なら指示語や接続語を補えばいいのです。

問題をだします。しばらく書き直しの問題が続きます。いちいち断りませんが、問題文中の傍点はヒントのつもりです。

【問題10】 短文に直しなさい。

英国に行っても、椅子も卓子もあり、形は少し違っているがバスも汽車も走っていて、わざわざそんなものを見に英国まで行かなくてもよさそうなものであるが、大して日本と変らないようでいてやはり違っていることの中に、一種の日本では求め難い落ち着きがある。そこがどうも簡単には説明しにくい所なので、ロンドンの喫茶店は大体東京のと同じであっても、ロンドンの喫茶店は確かにロンドンの喫茶店であって、それ以外の何ものでもない。と言っても、それがどういうことなのかは結局は自分で行ってみなければ解らない。ストランドからトラファルガア・スクエアの方に、或いはセント・ポオル寺院の方に歩いて行くことは、その街をその方に歩いて行くことなので、少なくとも、道路が修繕の為に始終掘り返されていたり、店の構えが半年毎に作り変えられて自分がどこにいるのか解らなくなったりすることはないと書けば、少しは実情を伝えることになるだろうか。（吉田健一「英国の落ち着きと言うこと」『英国に就て』）

この文章はあるいは斜《しゃ》に構えた、あるいは飄逸《ひょういつ》とした、あるいは皮肉な、捨てがたい味があります。最後の部分の、日に日に姿を変える東京への当てこすりも痛烈です。短文に刈り込んでしまったらその独特な魅力は半減してしまいます。ただ、達意の実用文という観点からはやむをえません。カタイさん、どんなふうに書き直しましたか。

**カタイ** 「が、」と中止法をひたすら削っただけです。

**【問題10カタイさんの答え】**

英国に行っても、椅子も卓子もある。形は少し違っているがバスも汽車も走っている。わざわざそんなものを見に英国まで行かなくてもよさそうなものである。だが、大して日本と変らないようでいてやはり違っていることの中に、一種の日本では求め難い落ち着きがある。そこがどうも簡単には説明しにくい所なのである。ロンドンの喫茶店は大体東京のと同じであっても、ロンドンの喫茶店は確かにロンドンの喫茶店であって、それ以外の何ものでもない。と言っても、それがどういうことなのかは結局は自分で行ってみなければ解らない。ストランドからトラファルガア・スクエアの方に、或いはセント・ポオル寺院の方に歩いて行くことは、その街をその方に歩いて行くことなのである。少なくとも、道路が修繕の為に始終掘り返されていたり、店の構えが半年毎に作り変えられて自分がどこにいるのか解らなくなったりすることはないと書けば、少しは実情を伝えることになるだろうか。

**先生**　「だが、」も補ってあるし、百点満点の答えです。あとはあくまで参考ということで聞いてください。問題文のいちばん最後のところは手直しが可能です。次のようにできます（このテクニックは先に行って練習します）。

**【問題10先生の修正例】**

（略）解らなくなったりすることはない。そう書けば、少しは実情を伝えることになるだろうか。

**カタイ**　なるほど、すっきりしますね。

## 【心得28】中止法は二回まで

### 長い副詞節の場合

**カタイ**　先生、「～するとき」「～だから」「～するために」「～すると」「～しながら」「～なのに」「～ならば」など副詞節が長くなってしまったときはどう処理すればいいのですか。

**先生**　「が、」とか中止法とかの場合と基本的には同じ方法を使います。問題の副詞節を取り出して独立させればいいのです。必要なら接続語や指示語をそえる。たとえば「……。それで～」「……。けれども～」「……。その時～」「……。そのような理由で～」「……。そうした目的で～」というように。

いくつかの例文で練習してみましょう。はじめの問題は私がやります。

**【問題11】** 短文に直しなさい。

そして立上がって窓を開け、冷たい星空を見入って、声になりそうな悲しみを我慢していたのですが、ふと、あの星空の中を、今母さんの愛情が昇天しつつあると思ったら、誰にも知られず、こっそりと、星と星との間を走っているのだと思ったら、薔子《しょうこ》はもう我慢できなくなったのです。（井上靖「猟銃」）

「窓を開け、冷たい星空を見入って、」の中止法は二回ですのでこのまま残しましょう。まず「が、」を削除します。次いで「と思ったら」の重なりに注意する。むろんこの繰り返しは文体的効果を狙ったものですが、ここでは簡潔さを優先して一方を省くことにします。「思った」内容を「そう」で一つにまとめるのがコツです。すると改正案は次のようになります。

**【問題11先生の解答例】**

そして立上がって窓を開け、冷たい星空を見入って、声になりそうな悲しみを我慢していたのです。あの星空の中を、今母さんの愛情が昇天しつつある。誰にも知られず、こっそりと、星と星との間を走っている。ふとそう思ったら、薔子はもう我慢できなくなったのです。

それでは問題を解いてもらいましょう。できたかたからどうぞ答えをご披露ください。

**【問題12】** 短文に直しなさい。

明治の頃はヨーロッパ文学の翻訳は多く英語からの重訳であったが、しだいにそのようなこともなくなり、質も向上したから、一概に悪くは言えないけれども、それでもヨーロッパと日本とでは言語の性質がまったく異なっているのだから、このように西洋の文体がはいってくると、日本語に固有な、余韻のある文章の味わいは段々すたれていくのではないだろうか、と憂慮する人もいる。（作例野内）

**カタイ**　はい、できました。こんなふうに書き直してみたのですが、いかがなものでしょうか。

**【問題12カタイさんの答え】**

明治の頃はヨーロッパ文学の翻訳は多く英語からの重訳であった。しかし、しだいにそのようなこともなくなった。質も向上したから一概に悪くは言えない。それでもヨーロッパと日本とでは言語の性質がまったく異なっている。だから、このように西洋の文体がはいってくると、日本語に固有な、余韻のある文章の味わいは段々すたれていくのではないだろうか、と憂慮する人もいる。

**先生**　うまいものです。カタイさんはなかなか筋がいいですね。

**カタイ**　お褒めにあずかって痛み入ります。でも、問題文は長文ではあるけれども、文にメリハリがあって分かりにくくはないですね。

**先生**　文の骨組みがしっかりしているからです。ここには長文を書くコツが示されています。「けれども、それでも」の処理法はすぐに使えますよ。それまでの流れを、指示語を使って「括《くく》る」ことは文の流れを見やすくします。「〜して、そうして」「〜こと、それは」など応用範囲は広い。

おっと、つい脇にそれてしまいました。書き直しにもどります。カタイさんは「質も向上したから」の副詞節はそのまま残しましたが、なにか考えがあってですか。

**カタイ**　特にこれといった理由はありません。「しだいにそのようなこともなくなった。」と切ったのでここはいじらなくてもよいだろうと思っただけです。

**先生**　その判断は正しいと思います。ただ、別の可能性としてここに目をつけた手直しはできます。

> しだいにそのようなこともなくなったし、質も向上した。だから、一概に悪くは言えない。

というふうに書き直す。しかし、こうすると補った「だから」がすぐ後に来る「だから」と重なってしまって、格好がよろしくない。追加した「だから」はいっそのこと削ることにしましょう。というよりか「が、」を削るだけにとどめて次のようにする。

> 重訳であった。しかし、しだいにそのようなこともなくなったし、質も向上したから、一概に悪くは言えない。

こうすればあとの「。だから、」も活かせる。

**カタイ**　やみくもに文を短くすればいいということでもないようですね。

**先生**　そういうことです。バランスを考えないと。この場合はカタイさんの訂正案でいいと思いますよ。私のものはあくまでも一つの可能性ということで提案してみました。

**【問題13】**　短文に直しなさい。

　人間は自分のアイデンティティをどうやって決定するのだろうか。たとえば幕末までの日本のように、外の文明と切り離されて外国人の存在が稀であり、周囲がみな同じような人間が集まっている場合、人は自分を「日本人」であると意識することはないが、通信や貿易、旅行がさかんになり、文明と文明の交流がさかんになるにつれて、自分たちのアイデンティティを意識せざるをえなくなる。日本と中国が問題になるとき、日本人は相手を中国人と意識し、中国人は相手を日本人と意識するけれども、この二人の人間がアメリカ人を前にしたときには自分たちをアジア人と括ることになるだろう。人間は自分以外の人（異人）との関係で自分の立ち位置を決めるものなのである。（作例野内）

**ナンデモ**　先生、指示語・接続語を使って次のように書き直してみました。

**【問題13ナンデモくんの答え】**

人間は自分のアイデンティティをどうやって決定するのだろうか。たとえば幕末までの日本のように、外の文明と切り離されて外国人の存在が稀であり、周囲がみな同じような人間が集まっている場合がある。その場合、人は自分を「日本人」であると意識することはない。ところが通信や貿易、旅行がさかんになり、文明と文明の交流がさかんになるにつれて、自分たちのアイデンティティを意識せざるをえなくなる。日本と中国が問題になるとき、日本人は相手を中国人と意識し、中国人は相手を日本人と意識する。けれども、この二人の人間がアメリカ人を前にしたときには自分たちをアジア人と括ることになるだろう。人間は自分以外の人（異人）との関係で自分の立ち位置を決めるものなのである。

**先生**　「場合」の処理はなかなかうまい。ここは「人間が集まっている。その場合、」としたいところだが、コンテクストの関係で不自然になるから、ナンデモくんのように対応しなければならない。ただ、注文をつければ「場合」の重なりを避けたい。あとの「場合」をよして「そのとき」としたらどうだろうか。

**ナンデモ**　たしかに、そのほうがいい。さすがに先生だ。ちがいますね。

**先生**　ナンデモくんも隅に置けない。なかなかの褒め上手だね。で、「が、」と「けれども、」については まあ、お茶の子さいさいというところかな。

ところで、第二文は少し引いて考えると、大胆な仕立て直しが可能になる。

たとえば幕末までの日本は、外の文明と切り離されて外国人の存在が稀であり、周囲がみな同じような人間が集まっていた。その場合、

とか、

たとえば幕末までの日本を考えてみよう。外の文明と切り離されて外国人の存在が稀で、周囲がみな同じような人間の集まりである。その場合、

とか。まあ、これは少しやりすぎかな。

**【心得29】長い副詞節は指示語や接続語を使って独立した文にする**

**長い形容詞節はご法度**

**先生**　名詞にかかる長い修飾語（形容詞節）は英語の関係代名詞節を思い起こしてください。ただ、英語の関係代名詞節は後ろへ後ろへとぶら下がっていくから問題は生じない。ところが日本語の

場合は「修飾語＋被修飾語」の語順規則があるので、修飾語（形容詞節）が長くなると、なかなか「被修飾語」にたどりつけない。いらいら感がつのる。これは「主語の先出し」の場合と同じ事態です。長い形容詞節は避けるに越したことはない。このことを「実践的に心がけている」文筆家がいます。阿刀田《あとうだ》高《たかし》です。彼は実例を示しながら次のように忠告しています。

> 日本語には関係代名詞がない。関係代名詞的な文章は極力書かないように努めてきた。
> 〝父が去年のクリスマスに買ってくれた太い万年筆を、大学に受かって上京してきた従弟に「これ、ほしい」と奪われてしまって、今は後悔している〟なんて書いてはいけない。
> 〝大切な万年筆を従弟に奪われてしまった。父が去年クリスマスに買ってくれた太いペンだ。従弟が大学に受かり上京してきて、いきなり「これ、ほしい」って……。残念無念、後悔している〟とか、いくつにも分けて書くのがよい。（『日本語を書く作法・読む作法』）

さすがに文章の手練《てだ》れです。直し方が堂に入《い》っている。ここまで望むのはまあ無理としても、直しのポイントはお分かりいただけたでしょう。長い形容詞節、「父が去年のクリスマスに買ってくれた太い万年筆」と「大学に受かって上京してきた従弟」をやめることです。難しく考える必要は毛頭ない。基本方針は長い形容詞節を独立させて一文にすること。プロのような直しではなくてもよろしい。手堅くいきましょう。

父が去年のクリスマスに太い万年筆を買ってくれた。ところで、従弟が大学に受かり上京してきた。万年筆はこの従弟に「これ、ほしい」と奪われてしまった。今は後悔している。

ご覧のとおり必要な場合は名詞や代名詞、指示語を補います。
今度は私の作例で考えてみたい。

【例文】
小雨の中を、黒い帽子をかぶった男と赤いコートをまとった女がなにか言葉をかわしながら寄り添うように遠ざかっていゆく姿が、映画のワンシーンのようにあざやかに浮かんでくる。

別にこの文章じたいは悪くない。ただ、「速達《スピード》」を求める実用文ではこういうまどろっこしい書き方はなるべく避けたいものです。たとえば次のように二つの文にする。

【先生の修正例】
小雨の中を、黒い帽子をかぶった男と赤いコートをまとった女がなにか言葉をかわしながら寄り添うように遠ざかっていゆく。その姿が映画のワンシーンのようにあざやかに浮かんでくる。

ここで問題を二つ出します。考えてみてください。

**【問題14】** 最後の文の長い修飾語をやめてすっきりした文章に書き直しなさい。
投宿したホテルの部屋は見晴らしがよかった。窓から海が見える。遠い島影から朝日が明々とたち昇り、陽光を浴びた白波が羊群のようにきらきらと走り、目路はるかな地平線を夕日が深紅の血潮に染め、夜の帳が落ちると漁り火が点々と光る美しい海だ。（作例野内）

**カタイ** 長い修飾語をなんとかすればいいわけですよね、要するに。「その海は」と受けて、そのあとどうするかが問題ですな。そのままつないで「美しい海だ。」としていいのかしら。でも、そうすると「海」が重なってしまうことになる。

**先生** でも、実用文としてはよくなりましたよ。
私はこんな訂正を考えてみました。

**【問題14先生の解答例】**
投宿したホテルの部屋は見晴らしがよかった。窓から海が見える。美しい海だ。遠い島影から朝日が明々とたち昇り、陽光を浴びた白波が羊群のようにきらきらと走り、目路はるかな地平線を夕日が深紅の血潮に染め、夜の帳が落ちると漁り火が点々と光る。

訂正文ははじめは「その海は美しい。」としたのですが、インパクトの強さを考えて「美しい海だ。」を選びました。

**ナンデモ**　いずれにしても、先生の訂正は結論を先に出している感じで、すんなり頭にはいってきますね。

> **【問題15】**　短文に直しなさい。
>
> 先進国のなかで唯一のアジア国家であり、また経済的大国でありながら、軍事と外交の領域では小国並みの評価しか受けていないというアンバランスな性格をもち、第二次世界大戦の敗戦国として国際世論の偏見と非難にさらされてきた日本は、孤立した立場のゆえに、国際社会にみずからの立ち位置と哲学（原理・原則）を明示的に提示しないかぎり、国際社会の信頼されるパートナーとして迎えられることはない。（作例野内）

**カタイ**　まず取り組むべき手直しは長い修飾語（形容詞節）を独立させることですね。

**先生**　そのとおりです、カタイさん。

**カタイ**　そうすると手直しはこうなるかな。

> **【問題15カタイさんの答え1】**
>
> 日本は先進国のなかで唯一のアジア国家であり、また経済的大国でありながら、軍事と外交

の領域では小国並みの評価しか受けていないというアンバランスな性格をもち、第二次世界大戦の敗戦国として国際世論の偏見と非難にさらされてきた。その孤立した立場のゆえに、国際社会にみずからの立ち位置と哲学（原理・原則）を明示的に提示しないかぎり、国際社会の信頼されるパートナーとして迎えられることはない。

**先生**　だいぶよくなりましたね。でも、まだ手直しの余地がありますね。

**カタイ**　あ、分かりました。最初の文中の「でありながら、」「もち、」をやめることです。

**【問題15カタイさんの答え2】**

日本は先進国の中で唯一のアジア国家であり、また経済的大国である。にもかかわらず、軍事と外交の領域では小国並みの評価しか受けていないというアンバランスな性格をもっている。さらに第二次世界大戦の敗戦国として偏見と非難にさらされてきた。その孤立した立場ゆえに、国際社会にみずからの姿勢と価値観を明快な原理や哲学として提示しないかぎり、国際社会の信頼されるパートナーとして迎えられることはない。

**先生**　とてもよくなった。最初のところは「唯一のアジア国家である。また経済的大国でもある。」としてもいいかな。ま、そこまでする必要はないか。実用文はなるべくストレートな表現が好ましいということであれば、二重否定的な表現をやめて、最後の文を次のように直す手もある。

**【問題15先生の修正例】**

（略）その孤立した立場ゆえに、国際社会にみずからの立ち位置と哲学（原理・原則）を明示的に提示しなければならない。そうしてはじめて、国際社会の信頼されるパートナーとして迎えられることになる。

**【心得30】長い修飾語（形容詞節）は被修飾語を主語に立て新しい文にする**

## 長い述語と長い名詞節の場合

**先生**　すでに確認したことですが、日本語の主語はヨーロッパ語の主語のように特権的地位は占めていない。たかだか「主格」を表す「補語」の一つでしかない。だから、かならずしも文頭にもってくる必要はない。そういうわけで「主語の後出し」でも問題が起こらない場合が多い。ただ、文が長くなってくると事情はおのずと変わってきます。いま取り上げた長い修飾語（形容詞節）と被修飾語のあいだで見られた不具合が主語と述語のあいだでも見られることになります。

ここで問題にしたいのは「主語―述語」をまとめて文頭に引き出したいケースです。その狙い目はなにが論点なのかをなるべく早く提示することです。芸術文ではこんな配慮はまったく必要ない。しかし読みやすさ・分かりやすさを旨とする実用文では、読者の心理的負担をなるべく軽減するために、必要に応じてこういったサービスは欠かせない。ここで注目されるのが前置き・予告の「が、」です。

実をいえば、この手立ては日本語としては少々無理があります。それは承知の上での荒療治です。「背に腹はかえられない」、いや「小を捨てて大に就く」か。読みやすさを優先して前置き・予告の「が」で主役（主語―述語）を文頭にすえる。実用文では重要な情報はなるべく早く提示することが大切です（第八章で段落の問題を俎上に載せるときも、この原則が問題になります）。

「主役を前に」という方略はなかなか応用範囲が広い。前置きの「が、」だけでなくいろいろなバリエーションが考えられる。たとえば長い名詞節が問題になるときです。「私はこう主張する。つまり……」「彼は言った。……と。」「私が考えるに……」「新聞が伝えるところによれば……」などなど。この方略は「～は確かだ／当然だ／本当だ」を「たしかに／当然（のことながら）／本当に～だ」（文の副詞）という書き替えにも応用できる。

簡単な例を挙げてみます。

(1) 法律を厳格に適用することが必要だ。↓必要なことは法律を厳格に適用することだ。
(2) 弟さんが危ない橋を渡っていることはほぼ間違いない。↓ほぼ間違いなく、弟さんは危ない橋を渡っている。
(3) デフレが国民生活を圧迫し、市場の動きを停滞させていることを最近の世論調査は示している。↓最近の世論調査が示しているが、デフレが国民生活を圧迫し、市場の動きを停滞させている。

(1)(2)(3)程度の文であれば、もちろんこんな仕立て直しをする必要はない。しかしながら、もっと文が込み入ってくればその必要性が痛感されるはずです。

そこで問題です。

【問題16】次の文をすっきりしたものに替えなさい。
近代的進歩史観はキリスト教的終末論に見られる神による救済史的摂理の代わりに科学的進歩の観念を置き換えて、神の国の代わりに理性の国が到来することを声高に主張した「科学と技術」の時代の申し子であった。（作例野内）

ヒントを出します。傍点部分を近づけることを考えてください。

**ナンデモ** これでいいのかな。

**【問題16ナンデモくんの答え】**
近代的進歩史観は「科学と技術」の時代の申し子であった。キリスト教的終末論に見られる神による救済史的摂理の代わりに科学的進歩の観念を置き換えて、神の国の代わりに理性の国が到来することを声高に主張した。

**先生** カタイさん、ナンデモくんの答えをどう思いますか。

**カタイ** これでいいと思いますが、二つの文を「つまり」でつないだらどうですかね。

**先生** それはいい考えです。あと細かいことですが、文末を「のだ」に代えてもいいでしょう。

次の問題文も私の作例です。

**【問題17】** 次の文章を読みやすく直しなさい。

毎年厖大な財政赤字を出す地方自治制度の欠陥に対して根本的な対策を講ずることが、本国会の大きな使命の一つであると新聞は報じている。

**ナンデモ** これは簡単です。ぼくにまかせてください。「新聞は報じている」を前に引っ張り出せばいいんです。

**【問題17ナンデモくんの答え】**

新聞が報じるところでは、毎年厖大な財政赤字を出す地方自治制度の欠陥に対して根本的な対策を講ずることが本国会の大きな使命の一つである。

な。

「新聞の報道によれば、」のほうがいいかな。

**先生**　どちらでもオーケーです。それで、後続の文を読んでなにか感じないかな。

**ナンデモ**　主語が頭でっかちです。たしか、前にこんなときの対処法を習ったけど、思い出せないな。

**先生**　カタイさんのためにも軽くおさらいしておきます。ここで、問題の文が「AがBである」の構文になっているのに注意してください。ハとガを問題にしたとき、日本語では「新情報＋ガ＋既知情報」よりも「既知情報＋ハ＋新情報」のほうが据わりがいいと注意しました。たとえば電話口での受け答えを想像してみてください。普通は「私は〜ですが」と切り出します。たとえはじめて電話をかける相手に対しても。「私が〜です」といったら相手はなにごとかと腰が引けるはずです。ガにはハにはないインパクトがあります。ですから「A（新情報）がB（既知情報）である」は「BはAである」に替えると据わりがよくなるのです。特にA（新情報）が長い場合はこの書き替えは有効です。今の場合がそれに当たります。したがってここも、「本国会の大きな使命の一つは毎年厖大な財政赤字を出す地方自治制度の欠陥に対して根本的な対策を講ずることである。」とすると文が落ち着きます。

**カタイ**　本当ですね。これはいいことを聞きました。さっそく実行することにします。

**先生**　「AがBである」はAが長い場合は「BはAである」とするると文がすっきりする。これは覚えておくと便利なテクニックです。

ところで、問題文に対しては実はもう一つの方策があります。長い形容詞節をなくすことです。そうすると次のような改善案が考えられる。

**【問題17先生の解答例】**
地方自治制度は毎年厖大な財政赤字を出している。新聞の報道によれば、そうした欠陥に対して根本的な対策を講ずることが本国会の大きな使命の一つである。

**【心得31】長い名詞節と長い述語に対しては主役を前に出す**

# 第七章●和文和訳で発想を広げる

## 「かたい日本語」と「やわらかな日本語」

**先生**　おや、今日は一人なの。

**ナンデモ**　ええ、皆さん年度末でお忙しくて。ぼくもそろそろ卒論のことが心配になりました。そこで今日は論文の文章についてお話ししていただけると有難いです。実用文とはいっても論文には論文の文体があると思うんですが。

**先生**　予告していたように今日は「かたい日本語」と「やわらかな日本語」を話題にします。論文の文体を直接取り上げることはしないが、きみの希望に沿うかたちで話を進めることにしよう。

**ナンデモ**　とても助かります。よろしくお願いします。

**先生**　すでに見とどけたように、ほんらい日本語は主観的な言語です。「私」が見たこと、感じたこと、思ったことを書くことには向いている。しかし客観的な分析や、抽象的＝観念的な思考に弱い。この欠を補うため「思想」を綴るために昔は「漢文体」に助けを求めた。そして明治時代以降は「翻訳調」に乗り換えた。

私の見るところ現代日本語には、本来の「自然な」日本語と外来の「人為的な」日本語とが混在している。日本人は「思想」には翻訳調の日本語で、「感情」には伝統的な日本語で器用に対応している。「実用文」はこの両者のあいだを揺れ動いている。ヨーロッパ語を合わせ鏡に選んで、日本語の可能性を模索しながら「あるべき」実用文を追求することが、いま求められている課題ではないか。少なくとも両者の共存・共栄を達成することが切に求められているのではないか。

と、まあ大上段に構えてはみたけれども、文章技術の問題としてはちょっとばかり荷が重すぎる。ま、今できることは、「かたい日本語」と「やわらかな日本語」とを臨機応変に使い分けることだろう。

おや、「なにか納得がいかないな」と顔に出ているよ。

**ナンデモ**　ええ、文章というのは読みやすくて分かりやすいのが一番だと、ここまで先生は繰り返し説いてきましたよね。それなのにここへ来て「かたい日本語」のすすめですか。漢文脈や欧文脈（翻訳調）と言われても。

**先生**　きみの反論はよく分かる。よく分かるけど「やわらかな日本語」では対処できない場面も多くある。抽象的＝観念的で高度な内容（思想）が表現できないことはだれにも分かる。でも、まだほかにもある。「かたい日本語」がもっている独特の力がある。名詞を中心にしてかっちり簡潔に表現したほうが相手の胸にぐさりと突き刺さるということもある。漢語の凛《りん》とした歯切れのよさが説得力を高めるということもある。「かたい日本語」のもつ美点は徒やおろそかにはできない。このさい苦手意識や食わず嫌いはやめて「かたい日本語」を見直そうじゃないか。

**ナンデモ**　よく分かりました。「かたい日本語」も「やわらかな日本語」も自由に使いこなし、表現の幅を広げるということが大切なのですね。

**先生**　そういうことだよ。この二つを自由に使いこなせるようになれば、それこそ鬼に金棒さ。もちろん、順序としてまずは必要度の高い「やわらかな日本語」からはじめることにするが、「かたい日本語」の重要性も忘れないようにしよう。作文のキー・ポイントは両方を自由自在に使いこなせるようになることです。

## 述語中心主義と主語中心主義

**先生**　ところで、「日本語は主観的な言語である」とは、別の言い方をすれば「日本語は言い放しである」ということさ。日本語は対象につきすぎている。こうした日本語のスタンスを「ミクロの視点」、これに対してヨーロッパ語（翻訳調）のスタンスを「マクロの視点」と私は呼んでいる。「マクロの視点」は対象から身を「引いた」スタンスだ。

**ナンデモ**　先生、ミクロの視点とかマクロの視点とかが作文とどうつながるんですか。そこのところがいまいちよく飲みこめないので、もう少し説明していただけると。

**先生**　この二つの視点の違いは書く場面でいろいろな影響が出てくる。文の次元と段落の次元とで。まず文の次元から見ていくことにしよう。日本語の場合は原則として対象が心に映じたままを写し取る。これが日本語の原則だ。この事実をよく物語るのが、たとえば昔の小学校一年生の国語教科書のいちばん最初の文だよ。

(1) サイタ、サイタ、サクラガサイタ。

目にはいってくる印象深いものを次々と言葉にしているというプロセスがよく示されている。はじめて文字を学ぶと想定されている小学校の生徒に対して(1)のような文を提示するということ、それは、このタイプの文が日本語として自然で、受け容れやすいという判断が教科書の執筆者にあったことを物語っている。

さらに注目すべきは「サイタ」という述語が最初に出ていること。この語順はすでに確認した日本語の「述語中心主義」を裏づけている。この語順は普通の日本語ではごく自然に受け容れられる。新しい事態（新情報）を目撃したときには「述語＋主語」になる場合が少なくない。日常会話では「あいつが来た」というよりは「来たぞ、あいつが」のほうが自然な反応だということはありうる。もちろん、「述語＋主語」の語順はヨーロッパ語でも日本語でも書き言葉では例外的です。だからこそ作文術（レトリック）でも文法でも「倒置法」とわざわざ呼ぶのです。

今度は別の例を考えよう。

(2) 出タ、出タ、月ガ、マルイ、マルイ、マンマルイ、盆ノヨウナ月ガ。

⑵は文部省唱歌からとった文です。これも⑴と同じ発想で書かれている。「自然な」話し言葉の語順です。『日本語の論理』のなかで三上章はこの文を、「日本語は述語が文の終わりに来てじれったい、関係代名詞がないために頭デッカチになりやすい、という二つの悩みを正直に解決する手」として例示した。「主語―述語の先出し」を考えたよいアイデアだとは思うが、書き言葉の場合には問題がある解決策です。これを書き言葉に合うように書き直せば、三上が嫌った次のような文になるはずです。

| |
|---|
| ⑶　盆ノヨウナ、マルイ、マルイ、マンマルイ月ガ、出タ。 |

ご覧のように文の中心は主語です。ただ、日本語ではこのような頭でっかちな文は話し言葉ではお呼びでない。いや、書き言葉でも敬遠される。どうしたらいいのか。前に紹介した「予告・前触れのガ」を使えばいい。

| |
|---|
| ⑷　月ガ出タガ、（ソレハ）盆ノヨウナ、マルイ、マルイ、マンマルイ月ダッタ。 |

⑶に見られるような頭でっかちの主語を日本語は嫌います。ところが、ヨーロッパ語ではこうした頭でっかちの文がむしろ好まれ、推奨されるのです。たしかにヨーロッパ語には名詞中心主義と呼べる傾向が見られる。ヨーロッパ語の統語法は名詞中心主義です。

ただ、ここですぐに言い添えておかなければならないが、私はなにも日本語に名詞中心的発想がなく、ヨーロッパ語に述語中心的発想がないと主張しているわけではない。ヨーロッパ語では述語中心的な文は自然ではあるけれども「幼稚だ」と判定される。また、日本語では名詞中心的文は人為的で「かたい」と判定される。何度も繰り返すことになりますが、現代日本語においては「やわらかな日本語」も「かたい日本語」も両方とも必要なのです。どちらも大切で、優劣はありません。必要に応じて使い分けることによって、日本語の表現世界は限りなく広がります。

ヨーロッパ語は主語が文を引っ張っていくのをよしとする。それに対して日本語は述語が主語を受けとめて包み込む。この経緯を説明するために、欧米の新しい言語理論の知見を借りて「三池炭坑の上に今月が出た。」という文を図示してみよう。

**ナンデモ**　ワー、本当だ。この図はヨーロッパ語と日本語の根本的な違いをすっごくうまく表現している。日本語は述語中心主義なのに対してヨーロッパ

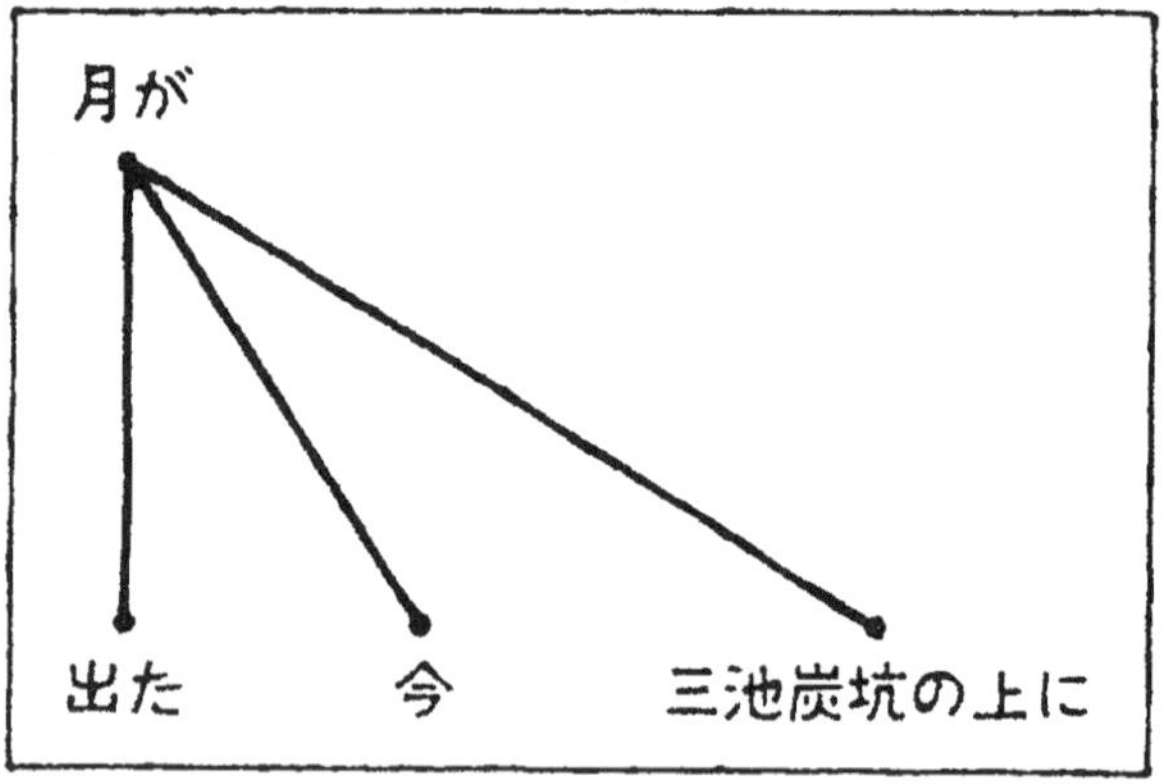

ヨーロッパ語文

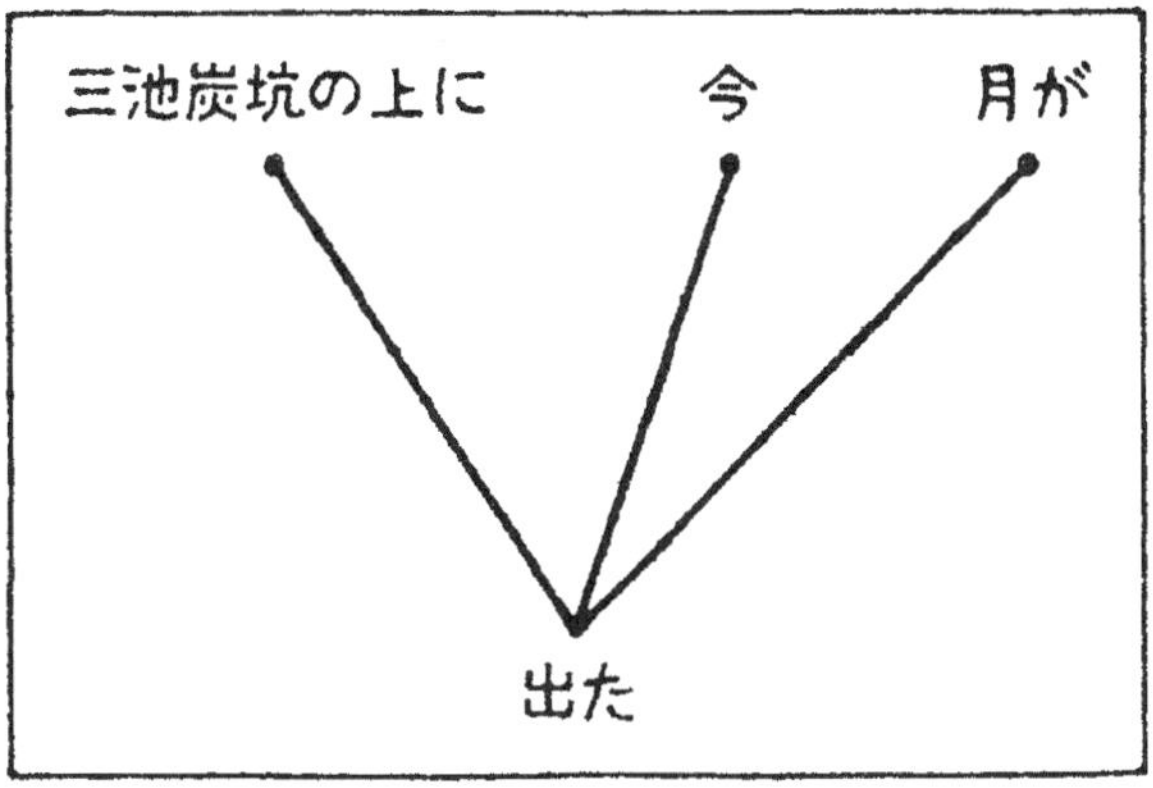


日本語文

語は主語中心主義なんだ。

### 擬人法にしひがし

**先生**　ここでちょっと話は飛ぶけど、レトリックに「擬人法」という文彩（言葉の綾《あや》）があります。名前は知らなくても、日常よく出会う表現法です。「擬人」とは「人になぞらえる」ということです。擬人法は抽象物、無生物、動植物、つまり人間でないものを人間に見立て（喩えて）その状態・動作などを「生き生きと」表現する文彩です。たとえば「災害は忘れた頃にやって来る」という警句は自然現象である「災害」を「人間」に見立てた表現です。「人生は芝居だ」は人生を芝居に見立てた隠喩《メタファー》だが、擬人法は隠喩の一種と見なして差し支えない。見立ての対象が人間というだけのことです。しかし昔から多用され、独立した地位を与えられてきました。ややもすれば疎遠な事柄（事物・動植物）が身近な人間的事象（人事）に置き換えられるので親近感が増すからでしょう。

**ナンデモ**　有名な菅原道真《すがわらのみちざね》の歌、あれって擬人法だったんですね。

東風《こち》吹かばにほひおこせよ梅の花あるじなしとて春を忘るな
〔春になって東風が吹いたならば、梅の花よ、その匂《にお》いを風に乗せて遠い西の配所（九州の大宰府）へ送り届けてくれ。主がいなくなったからといって春が来たことを忘れてくれるな〕

**先生**　そうだよ。「荒海や佐渡によこたふ天河《あまのがわ》」という芭蕉の有名な句もそうだ。芸術技法としての擬人法は脇に置くとして、ここで問題としたいのは発想（文体）としての擬人法だ。日本でも昔から擬人法が使われていたが、比較の対象はもっぱら花鳥風月、山川草木、言い替えれば目に見える具体的な「物」（以下モノと表記）だった。抽象的な「事」（以下コトと表記）を擬人化する発想はほとんど見られなかった。

**ナンデモ**　えっ、ヨーロッパではあったんですか。

**先生**　あったのさ。擬人法はレトリックとか芸術技法とかといった特別なテクニックにとどまらず、日常的な表現法のなかでも活躍し、重要な役割を演じている。ヨーロッパ語の特色は擬人法による無生物主語がはなはだ多いことです。とりわけ注目すべきはコト主語です。これはヨーロッパ文化に脈々と流れる人間中心主義のあらわれです。

**ナンデモ**　一つ質問です。ヨーロッパ文化の人間中心主義ってなんのことですか。

**先生**　世界（自然）の中心は人間であるという考え方。自然は人間のために存在し、人間は自然を支配（利用）して当然である。これがヨーロッパ文化の根底にある発想です。

自然との関連で擬人法について佐藤春夫が面白いことを書いています。「東洋人の詩感」という短いエッセーの冒頭で佐藤はずばり次のように言い切る。「いったい西洋の詩人は、自然を見るにも常に擬人的にしか見られないし見る事をしない」。さらに次のようなコメントが続く。「自然を只《ただ》現象のままに見てその美感に打たれるというような事はあまりないと思う」「ともかく自然と人間とを切り離しては考えられないらしい。いつも自然の上へ人間をおっかぶせているような感じがする」。この「自然の上へ人間をおっかぶせている」という表現が秀逸です。自然を前にしたときの西洋的人間中心主義のスタンスを見事に捉えています。自然を人間に見立てて「人間化」する、そこには人間中心主義の徹底ぶりが指摘できます。

たしかに、西洋の詩人は自然を見るとき人間として見立てる傾向が顕著です。日本人も擬人法を知らないわけではない。ただ、「自然の上へ人間をおっかぶせ」ることはしない。自然を対等に遇したり、見下したりはしない。日本人にとって自然は時に台風や地震や洪水をもたらす「荒ぶる」自然であるが、その一方で人間を包み込んでくれる「やさしい」自然でもある。日本人はこうした二つの顔をもつ自然と素直に向き合いながら「共生」してきた。こうした自然との交流のなかで折に触れて花鳥風月、山川草木の「妙」（美）を感じ取ってきた。

要するに、西洋と日本（東洋）の違いは自然を前にしたときの人間の立ち位置にある。人間を大きいと見るか小さいと見るか。自然と対決し、自然を征服しようとする人間中心主義的西洋文化。自然にぬかずき、その端くれとして自然に従おうとする自然中心主義的東洋文化。彼我《ひが》の違い、それは自然に対する傲岸《ごうがん》さと謙虚さの違いです。

この両者の違いは自然に対するスタンスの違いとして捉え返すことができる。

**ナンデモ** あっ、マクロの視点とミクロの視点か。

**先生** そのとおり。ヨーロッパ人は自然を「引いて」見ている。それに対して日本人は自然に寄り添い、一体化しようとする。文化における人間中心主義／自然中心主義、統語論（構文論）における主語中心主義／述語中心主義はパラレルな関係にある。人間が自然に対して主体的＝能動的に働きかける。それは言語表現の面では、自立した主語が述語に働きかけるという形であらわれる。ヨーロッパ語の発想の原型《プロトタイプ》は主体としての人間を中心にすえた《人間がXする》なのです。ヨーロッパの人間中心主義はモノだけでなく——ここまではわが国でも可能だったが——、さらに目に見えないコト（抽象物）をも人間化せずにはおかなかった。コトを人間のように見立てて文の「主語」としてふるまわせる。見事というべき人間中心主義の貫徹です。

## ヨーロッパ語の発想

**ナンデモ** また質問ですが、擬人法と無生物主語は表現（文体）にどんな影響を与えるんですか。

**先生** そう、それが問題さ。「やわらかな日本語」と「かたい日本語」を使い分けるヒントを与えるのだよ。それではこれから、その問題を日本語とヨーロッパ語の比較をとおして検討することにしよう。

まずごく普通の日本語を考える。

| (1) 私は妻と二人の子どもがいる。 |
|---|

ナンデモくん、どう英語に直します。あ、直訳体の日本語でもかまわないよ。ここでの関心は語学的な問題ではなく、あくまで「発想」が問題だから。

**ナンデモ**　それを聞いて安心しました。there are はまずいのは分かるけど。have を使えばいいのかな。

| (1)* 私は一人の妻と二人の子どもを持っている。(I have one wife and two children.) |
|---|

**先生**　よくできました。今度はちょっとタイプの違う文を考えよう。

| (2) この大学は自由な雰囲気がある。 |
|---|

**ナンデモ**　これは there is が使えませんか。

**先生**　使わない。やはり have を使います。

(2)*この大学は自由な雰囲気を持っている。This university has a free atmosphere.

**ナンデモ**　なるほど、擬人法はこんなふうに使うんだ。

**先生**　そうなんだよ。ここで問題になっているのは「無生物主語」だ。ヨーロッパ語は擬人法による無生物主語が多いのが特色です。これは先ほども指摘したように、ヨーロッパ語が主体としての人間を中心にすえた《人間がXする》を文の原型と見なすからです。その発想を「モノ・コトの世界」にも「おっかぶせる」のです。擬人法による無生物主語の多用、これがヨーロッパ語の特徴です。

でも、これくらいで驚いてはいけない。

**ナンデモ**　えっ、まだあるんですか。

**先生**　そうなのさ。この主語中心主義はさらに押し進められて重い主語の要請へと向かう。動詞よりは名詞に大きく重心を移した、頭でっかちな文が好まれる。もちろん書き言葉での話ですよ。話し言葉では日本語のような述語中心的な表現も多く出てくるから。次の三つの文を比べてみてほしい。

(3)　私は彼女の肌が白いのにびっくりする。(I am surprised that her skin is white.)
(3)*　私は彼女の肌の白さにびっくりする。(I am surprised at the whiteness of her skin.)
(3)**彼女の肌の白さが私をびっくりさせる。(The whiteness of her skin surprises me.)

**ナンデモ**　(3)は日本語でもよく見られる述語中心の文のようですね。

**先生**　「私は（…）びっくりする」「肌が白い」と述語の動詞と形容詞が重要な働きをしているからね。

**ナンデモ**　(3)*は「肌が白い」が「肌の白さ」に変わって名詞が増えてますね。

**先生**　そのぶん(3)より少し抽象度の高い硬めの表現になっている。

**ナンデモ**　(3)**は翻訳調ですか。自然な日本ではないみたい。

**先生**　たしかに「肌の白さ」を無生物主語に立てているので、バタ臭い感じは否定できない。ただ、現代日本語では許容されている（本章で後述）。(3)がいちばん自然な「やわらかな日本語」です。(3)**はヨーロッパ語的な発想の「かたい日本語」です。両者の違いは主語の役割の軽重にある。(3)の「私は」に比べて(3)**の「彼女の肌の白さが」は重い。主語の軽重だけでなく、見えにくいけれども、もう一つ違いが見られる。それは文を組み立てるときの視点の違いだ。(3)に見られるのはミクロの視点、(3)**はマクロの視点です。

　ミクロの視点では「部分」が水平軸に沿って集められ並べられていきます。(3)でいえば《「私は」＋「彼女の肌が白いのに」＋「びっくりする」》という具合に。すでに触れたように日本語は基本的には主観的判断か、事実の記述しかできないが、このことを視点の問題で捉え返してみればミクロの視点（私）しかとれないということです。この事情は三人称主語（人間）の場合でも基本的には同じ。書き手はその三人称主語に身を置くからです。いずれにしても、それは文の内部の視点です。主語が人間であるかぎりこの内部の視点にとどまらざるをえない。

外部の視点（客観性）に立つためには対象から身を引かなければならない。そのためには人間を対象化（「私を」）する必要がある。そしてまた、日本語では主語に立たないような抽象的なもの＝無生物（「彼女の肌の白さ」）を主語に立てるセンス・能力がどうしても求められる。こんなふうに言うと小難しく感じられるかもしれないが、具体的には「私」という視点をやめること。文のなかで主語の役割をふくらませること。さらに言えば、主語にできるかぎり無生物（抽象的な言葉）を当てること。すでに見た擬人法の動員だ。

抽象的な内容を伝えようとすれば、手持ちの「部分」をいったんバラして――客観化して――再構成しなければならない。言い替えれば、バラした「部分」を擬人法の図式（スキーマ）で組み立て直さなければならない。擬人法を使うためにはしなやかな想像力＝連想力が求められる。マクロの視点に立つことが求められる。マクロの視点では「全体」の視点から「部分」が見直される。

無生物主語を立てるため――「かたい」内容を表現するため――昔の人は漢文脈で書いた。明治以降の人はヨーロッパ語の影響を受けた欧文脈で書いた。意外に知られていないことだが、評判の悪い「訳読」中心の伝統的な外国語教育は日本語力養成の役割を陰ながら果たしていた。いや、日本語力だけではなく、論理思考力養成の役割も果たしていたのだ。

「訳読」とは外国語（たとえば英語）を「こなれた」日本語に置き換える作業です。外国語は抽象的主語を多用した名詞中心の文章が多い。いわば訳読とはバタ臭い翻訳調を自然な日本語に移し替える練習をしているようなものです。たとえば次のような二つのタイプの日本語を考えてみよう。

(4) その貪欲《どんよく》な好奇心が日本人をして海外の文化の積極的な受容を可能にさせた。
(4)* その貪欲な好奇心のおかげで日本人は海外の文化を積極的に受け容れることができるようになった。

見れば分かるように「かたい日本語」の特徴は「無生物主語」と「名詞中心」です。それに対して「やわらかな日本語」は「人間主語」と「述語中心」が特徴です。

「無生物主語」と「名詞中心」は「かたい日本語」の両輪です。「かたい日本語」のお手本であるヨーロッパ語では同じ内容を表現するのであれば、名詞の数が多いほうがベターとされます。ヨーロッパ語の「良い」文章の判定は実に簡単です。名詞の数を数えればいいのです。

**ナンデモ**　本当ですか。信じられないな。

**先生**　私では信用できないようなら、名著と誉れの高い、ある実用的なフランス語文体論の次の言葉を援用しよう。

> フランス語の独自性は動詞、および動詞グループが名詞および名詞グループの前からできるかぎり姿を消すことを求めている。(E・ルグラン『フランス語文体論』)

「フランス語」をほかのヨーロッパ語に差し替えてもこの主張は正しいはずです。主語(名詞)

こそがヨーロッパ語の主役です。たとえばフランスでは学年が進むと生徒たちは、このような名詞中心の文を書くように教師から指導されます。

### 日本語は自動＝受動表現がお好き

**先生**　主語と述語の問題だけでなく、ヨーロッパ語と日本語の違いはまだほかの点でも見られる。日本語は可能なかぎり自動詞的表現と受動的表現を好む。この傾向は、外界に対する表現者のスタンスから来ている。日本語（日本人）は生起する出来事を自分の力の及ばない成り行きと受けとめる傾きがある。自分を受け手の立場に身を置いてすべてを「自発」として捉えて表現する。たとえば「可能」表現を考えてみよう。

(1)　家具を持ち上げられない。
(1)*家具が持ち上がらない。

ナンデモくんならどちらを使います。

**ナンデモ**　うーん、どちらも使うと思いますが、どちらかという(1)*かな。

**先生**　今の若い人だとそんな感じなのかな。私なんかの世代だと迷うことなんかない。(1)は明らかにこちらが対象に「能動的に」働きかけている。でも、日本語では好んで(1)*のように自動詞で表現する。

自動詞的表現を好むことは次のような対照的な表現によっても知られる。

(2) コーヒーを入れる。
(2)* コーヒーが入る。

(3) 彼はライバル意識を燃やす。
(3)* 彼はライバル意識に燃える。

(4) コップを床に落とす。
(4)* コップが床に落ちる。

(5) 音を立てる。
(5)* 音がする。

他動詞は可能ならば自動詞に変える——これが「やわらかな日本語」の一つの傾向です。

**ナンデモ**　へー、気がつかなかったけど、言われてみれば納得です。

**先生**　他動詞については、まだあるよ。それは可能であれば受動表現に変える傾向です。これも、ペアになっている例を挙げよう。

(6) 飛んできたボールが窓ガラスを割った。
(6)* 飛んできたボールで窓ガラスが割れた。

(7) 海が日本を囲んでいる。
(7)* 日本は海に囲まれている。

私はここまでいろいろな場面でミクロの視点とマクロの視点を云々したが、ここでは表現対象との関係で同じことが言える。「他動」表現はマクロの視点で「引いて」対象を捉えている。ソトの視点です。すべてを視野におさめている。「受動」表現はミクロの視点で「近づいて」、というよりかむしろ対象のなかに入り込んで対象を捉えている。ウチの視点です。

**ナンデモ** なるほど。(6)と(7)は客観的な記述だ。対象を突き放している。(6)*と(7)*はそれぞれ「窓ガラス」「日本」に身を置いて事態を表現している感じがする。たしかに日本語的な表現は主観的ですね。

**先生** 今度は、先送りしていた無生物主語を立てた表現を取り上げよう。

**ナンデモ** ぼくが翻訳調で自然でないと言った「彼女の肌の白さが私をびっくりさせる」のことですね。

**先生**　そう。次の二つの文を比べてみて。

(8)　異常天候が野菜の高騰を引き起こさせた。
(9)　みごとなプレイが観衆を熱狂させた。

ここで問題になっているのは他動詞相当の使役です。どう？

**ナンデモ**　(9)は「彼女の肌の白さが私をびっくりさせる」と同じタイプですよね。この二つに比べると、(8)は明らかにもっとバタ臭くて不自然な日本語だなあ。

**先生**　若いきみでもそう感じる？　同じ無生物主語でも、(8)はダメだが、(9)は現代の日本語では許容されている。

**ナンデモ**　不自然さの違いは感じ取れるんですが、どこがどう違うんです。ぼくには同じように見えるんですが。

**先生**　述語の部分に違いがある。(9)の述語は人間に働きかけている。《他動詞＋（さ）せる》タイプの表現が許容されるのは「動作主体の働きかけが人間の精神活動や肉体に強く作用する場合」に限られる。たとえば「記憶を呼び起こさせる」「体力を失わせる」。

**ナンデモ**　そういうことだったのか。

**先生**　ところが(8)を受動態にすると事情は変わってくる。

(8)*　異常天候によって野菜の高騰が引き起こされた。

**ナンデモ**　あれ、本当だ。でも、この表現法はたしか見覚えがあるな。

**先生**　さっき挙げた(6)*の「飛んできたボールで窓ガラスが割れた」と(7)*の「日本は海に囲まれている」とまったく同じタイプ。このタイプの受動態は国語学のほうで「非情の受け身」と呼ばれている。「非情」は無生物主語、特にコト主語のこと。近世までの日本語にはほとんど見られなかった表現法です。稀な事態を表現するとき以外には。明治時代以降の産物で、現代日本語にはその用例が多い。受け身文の半数以上はこれだと言われている。

**ナンデモ**　そういえばぼくもよく使います。「自由が求められる」「努力が報いられる」「特徴が見られる」「意見が示される」「個性が尊重される」なんて。

**先生**　ところで、日本語では人間が受ける事態に「他動・使役的な」言い方を避ける傾向が見られる。前に挙げた例を使うよ。

(9)　みごとなプレイが観衆を熱狂させた。

これは現代日本語としては許容されるといったが、きみも感じ取ったようにやはり自然な日本語ではない。(9)は次のように受け身や自動詞的表現に変えたほうが自然になる。

(9)* みごとなプレイに観衆は熱狂させられた。
(9)** みごとなプレイに観衆は熱狂した。

**ナンデモ**　いろいろな書き替えが出てきたので、なんだか頭がぐちゃぐちゃになっちゃった。

**先生**　「他動詞＝使役的表現は可能ならば自動詞＝受動的表現に変える」と大ざっぱに理解しておけばいいのさ。ちょっと引っかかる欧文脈に出会ったらこの方略をためしてみる。そんなに神経質になる必要はない。

**ナンデモ**　いつもの自然体のアドバイスですね。納得です。

**先生**　そういうこと。いま見た大ざっぱな傾向をさらにたどっていくと国語学でいう「迷惑の受け身」に行き着く。

**ナンデモ**　「迷惑の受け身」ですか。なんかすごいネーミングですね。

**先生**　そういえばそうだ。今まで気がつかなかったな。マイナスのケースがほとんどなのでそう呼ばれている。こんな例がある。

(10) 雨に降られた。
(11) 妻に先立たれた。
(12) 隣に大きなマンションが立てられた。

見れば分かるように、これは間接的な受け身で、自分と無関係な事柄をみずからに結びつけて捉える独特なスタンスが見られる。迷惑を受ける主体は省略されることが多い。⑽⑾からも分かるように自動詞の場合もある。

ここまでの検討から、日本語には《他動詞・使役動詞→自動詞》《能動態→受動態》という傾向があることが分かった。この傾向はすでに確認した日本語の「主観性」が表現形式に投影された結果だ。日本語は「私」（ウチ的なもの）を中心に物事を捉えるのをよしとする。

**【心得32】可能なら《他動詞・使役動詞→自動詞》《能動態→受動態》の書き替えを考える**

## ノは万能の接着剤

**先生**　「かたい日本語」と「やわらかな日本語」を考えるとき、意外と指摘する向きがないけれども、大切な論点としてノの問題がある。「かたい」文章を書くときはついノが連続してしまう。また、ノの連なりは意味の曖昧さを招く。いずれにせよノの使い方には慎重でありたい。というわけで、作文術とのからみでノの問題を取り上げることにしよう。

とりあえず和歌を一首。

行《ゆ》く秋の大和《やまと》の国の薬師寺《やくしじ》の塔の上なる一片《ひとひら》の雲（佐佐木信綱）

**ナンデモ**　これはすごい。ノのオンパレードですね。六つか。「なる」はどういう意味です。

**先生**　ほら、島崎藤村「千曲川旅情の歌」に「小諸なる古城のほとり　雲白く遊子《ゆうし》悲しむ」とあるのを知っているよね。「遊子」は旅人のことだが。「なる」は「にある」の詰まったもの。この和歌は九つの文節を六個のノでつなぐという力業を披露している（ちなみに音節数を考慮しなければ「塔の上の一片の雲」も可能）。

**ナンデモ**　でも、その力業がちっとも力業に見えませんね。

**先生**　一筆画のようにごく自然にすらりと詠まれている。まず時が示され、場がしだいに絞り込まれていって「一片の雲」に行き着く。ここに見られるのは「昔あるところにXが……」という例の、日本語に特有の「求心的な」発想法だ。この発想法はほかにも見られる。たとえば所番地を言う場合、日本語ではまず大きく括って絞り込んでいく。東京都×区×町×丁目×番地という具合に。年号を言う場合も同様で×年×月×日。

**ナンデモ**　そう言われてみれば英語やフランス語ではまったく逆ですね。

**先生**　ハの発想がここでも見られる。これは言い過ぎかな。とにかく、日本人は大きく括って絞り込んでいく。さっきの和歌の場合も、ごく自然な展開なのでこれだけノが連なっても抵抗感がないということかな。

たしかに、ノには万能の接着剤のような効能がある。ノは名詞と名詞を結びつけて前の名詞を形容化し、二つの名詞のあいだにある関係を設定する。これがノの主要な用法だ。しかしノは名詞だけに接続するわけではない。副詞にも（少しの変化）、格助詞にも（学校からの通知）、副助詞にも（ここだけの話）、接続助詞にも（よく考えての選択）、係り助詞にも（一時間もの遅れ）接続する。

しかしながら、今の場合は名詞と名詞をつなぐ用法に注目すればいいだろう。芸術文の叙景や叙《じょ》情《じょう》の場合ならなんとなく分かるで済まされるかもしれないが、「かたい日本語」ではノの働きを性格に確定しなければならない。ところが、その働きたるや実にさまざまで、どんな修飾関係も成り立たせてしまうと言っても過言ではない。ここでは主要な用法だけにかぎって俎上に載せることにしよう。

①　所有・所属関係――母のバッグ　大企業の社員
②　主格関係――神の存在　父の帰宅
③　目的格関係――王の暗殺　犯人の逮捕
④　同格関係――ゴールキーパーの佐藤　百獣の王のライオン
⑤　比喩関係――露の命　花の生涯
⑥　さまざまな修飾関係（性質・属性・状態・様態・場所・時間・目的・原因・内容・材料など）
　――長い髪の少女　軽井沢の別荘　おおぜいの観客　成功の喜び　ダイヤの指輪　困惑の表情

どうだい。念のためノを分析してくれるかな。

**ナンデモ**　①は「母の所有するバッグ」「大企業に所属する社員」。②は「神が存在すること」「父が帰宅すること」。③は「王を暗殺すること」「犯人を逮捕すること」。

**先生**　なかなかいいぞ。

**ナンデモ**　褒められたらとたんにこけた。④は難しいな。「同格」って文法用語ですよね？

**先生**　そう、文法的に働きが同じ語句ということで、要するにイコール（等号）と考えればいい。「ゴールキーパーであるところの佐藤」「百獣の王であるところのライオン」という具合だ。

**ナンデモ**　⑤も難しい。

**先生**　「露のような（はかない）命」「花のように（華やかな）生涯」ということだよ。

**ナンデモ**　⑥はいろいろで大変だな。「長い髪の少女」は様態で「長い髪をした少女」かな。「軽井沢の別荘」はさっき出たノで、「軽井沢にある別荘」。「おおぜいの観客」は状態で「観客がおおぜいいる」、「おおぜいいる観客」。「成功の喜び」は「成功したことで味わう喜び」だから原因。「ダイヤの指輪」は「ダイヤを使った指輪」のことで「材料」。「困惑の表情」はこれも原因かな。「困惑したせいで示す表情」にちがいない。

**先生**　おっと、そう考えたいのは山々だろうが、ここは違う。「内容」を表すノだよ。「困惑を示す表情」のことだ。

**ナンデモ**　そうか。

**先生**　でもなかなかのできだった。ご苦労さん。

さて、ほかに注意すべき用法として《ノ＝ガ＋述語》を挙げることができる。

私の本→私が書いた本　彼の調査→彼がおこなった調査

ご覧のとおりノはいろいろな関係を表すが、連続使用は三つがボーダーライン。たとえば次の作例を見てほしい。

(1)　最近の宇宙科学の驚異的発展は、火星の過去の生命の存在の可能性を科学者たちに予見させた。

論文のような「かたい日本語」にはこんなノの連発はよく見かける。でも、場合によってはすらすらと頭にははいってこない。正確に意味をとるには何度も読み返さなければならない。かたい文章では抽象名詞や専門用語が多くなるのでつい手軽な接着剤であるノで済ますことになるのだろう。ノに飛びつく前に名詞と名詞の関係を見きわめてできるかぎり「くだく」（述語化する）ことを考える必要がある。(1)はたとえば次のように書き替えることができる。

(1)＊最近の宇宙科学が示した驚異的発展は、過去に火星で生命が存在したかもしれないということを科学者たちに予見させた。

(1)*はまだ改善の余地がある。翻訳調なのでもう少し「こなれた」日本語に直したほうがいいのかもしれないが、それはもう少し先の問題ということにしよう。

ところで、ノは主格関係を表すのでガの用法と重なる。今は《ノ→ガ》を見たが、逆のケースもある。たとえばガの重なりを避けるために。ノよりもガの重なりは目障り（耳障り？）なので、できれば避けたいからだ。

> (2) 燃費がいいことがトヨタの車が人気がある理由です。

**ナンデモ**　意味はとれるけど、ガの四連発で耳障りですね。

**先生**　そう思うだろ？　どうしたらいいかな。

**ナンデモ**　こうしたらどうですか。

> (2)*　燃費のいいことがトヨタの車が人気がある理由です。
> (2)**　燃費のいいことがトヨタの車が人気のある理由です。
> (2)***　燃費のいいことがトヨタの車の人気のある理由です。

**先生**　まあ、いいかな。ただ、どうも据わりが悪くない？　ガを減らすには《新情報（ガ）＋既知情報（ガ）↓既知情報（ハ）＋新情報（ガ）》の変換規則も使える。(2)にもどってこの変換規則を適用してみて。

**ナンデモ**　はい。

(3)* トヨタの車が、人気がある理由は燃費がいいことです。

**先生**　ガが三つあるよ。

**ナンデモ**　あ、そうか。ガをノに替えればいいんだ。

(3)** トヨタの車の人気の理由は燃費のいいことです。

**先生**　(3)**は結果として「トヨタの車の人気の理由」とノが三つ続くことになるけど、いちばんすっきりしていて読みやすいのではないかな。もっとも、ノの連続が気になるようだったら「トヨタの車が人気の理由」とすればいいだろう。

**ナンデモ**　同感です。

**先生**　(1)と(3)**の例を勘案すると、ノの連続は三つがボーダーラインのようだ。かたい文章では述語中心的文体よりも名詞中心的文体でかっちり締めたほうがいい場合がある。ガ⇅ノの書き替えの必要性はわりと出てくるので、このボーダーラインは心に留めておくとよい。

## 【心得33】ノの連続は三つまで

### 「かたい日本語」を「やわらかな日本語」に翻訳しよう

**先生**　ここまでヨーロッパ語と日本語の違いを見てきたわけだが、ヨーロッパ語と日本語では「良い」文章の物差しがまったく逆なことが確認された。ヨーロッパ語ではなるべく無生物主語を立て、動詞・形容詞を名詞にすることを考える。いっぽう、日本語ではなるべく主語を消し、動詞・形容詞を多くすることを考える。すでに指摘したように現在の日本語では主語＝名詞中心主義の文（以下「主語中心文」と略記）は論文のようなかたい文章に多く見られ、述語＝動詞中心主義の文（以下「述語中心文」と略記）はエッセーのようなやわらかい文章に多く見られる。

**ナンデモ**　さっき先生が指摘された本来の「自然な」日本語と外来の「人為的な」日本語の「共存」とは具体的にはこのことを指していたのですね。

**先生**　そのとおり。現代のような情報社会では論文や報告書、企画書、事務文書など折り目正しい文章だけでなく、メールやブログ、ツイッターなどの砕けた文章も書く必要に迫られている。文章の表現の幅を広げることは多くの書き手にとって喫緊の問題です。

ということで以下、双方向的な「和文和訳」の練習をします。

**ナンデモ**　和文和訳？

**先生**　なにもそんなに驚くことはないよ。要するに「かたい日本語」を「やわらかな日本語」に直すこと、またその逆の作業です。

**ナンデモ**　勝手というか虫のいいお願いで申し訳ないのですが、そのー、変換規則のようなものはないんですか。行き当たりばったりに書き直すより、目安みたいなものがあったほうが効率的ですから。

**先生**　お説ごもっとも。ここまでもあちらこちらで指摘したように、ヨーロッパ語と日本語のあいだには興味深い対応関係が指摘できる。それはまあ変換規則と言っても差し支えないかな。もっともかなり大ざっぱな規則ではあるけれどもね。しかしながら大ざっぱにしろ、ないよりはましだ。それに、そこそこの役には立つ。

**ナンデモ**　対応関係か、その対応関係をここで復習してくださると有難いのですが。

**先生**　それなら、ここまでに確認できたことをおさらいしておこう。

　ヨーロッパ語（欧文脈）では主語（名詞）が中心的役割を果たす。主語が文を引っ張っていく。なるべく無生物主語（とりわけコト主語）を立てる。それに伴って「形容詞・動詞の名詞化」が必要になる。いっぽう、日本語（和文脈）では述語が中心的役割を果たす。なるべく主語を消し、動詞や形容詞を多くするのが望ましい。いま指摘した傾向ほど支配的ではないが、他動詞＝使役動詞を自動詞に、能動態を受動態にする傾向が見られる。こんなところだろうか。

**ナンデモ**　あ、問題の変換規則がおぼろげながら見えてきた。

**先生** 今おさらいしたことを規則としてきちんとまとめれば、変換規則になる。問題の変換規則は次のように定式化できる。

> ［1］ 名詞を動詞に替える――計画の検討→計画を検討する
>
> ［1］* 名詞を形容詞・形容動詞に替える（ただし形容詞・形容動詞から作られた名詞の場合）――風景の美しさ→美しい風景　物腰のやわらかさ→やわらかな物腰
>
> ［2］ 形容詞・形容動詞を副詞に替える――厳しい追及→厳しく追及する　急な旅立ち→急に旅立つ
>
> ［3］ 無生物主語を原因・理由・手段・条件・場所・時間などの状況補語表現に替える――なにが彼女をそんな女にしたのか→どうして彼女はそんな女になったのか
>
> （次の規則はケース・バイ・ケースに適用する）
>
> ［4］ 他動詞・使役動詞を自動詞に替える――事態の急変が彼を動転させた→事態の急変に彼は動転した
>
> ［5］ 能動態を受動態に替える――狂気が彼を捕らえた→彼は狂気に捕らえられた

一番の狙い目は「名詞」。とにかく名詞を少なくすることを考える。それでは実例に就いて変換規則を適用してみよう。

(1)　私はあなたの誠実さを疑っていません。

ナンデモくん、さっそく挑戦してみて。

**ナンデモ**　「あなたの誠実さ」が問題です。［1］*の規則（名詞→形容動詞）に従って「あなたが誠実なこと」に替えればいい。

**先生**　それでいい。そうすると答えは？

**ナンデモ**　はい。

(1)*　私はあなたが誠実なことを疑っていません。

**先生**　正解。

次の例文に移ろう。

(2)　美しいふるまいが彼女を引き立てる。

どうかな？

**ナンデモ**　まず「美しいふるまい」に注目。「美しい」は規則［2］（形容詞→副詞）によって「美しく」に、「ふるまい」は規則［1］（名詞→動詞）によって「ふるまう」に変換する。そして規則

[3]（無生物主語→原因の状況補語）を適用して「美しくふるまうので」にする。さー、ここからどうしよう。「彼女を」は「彼女は」に替えないといけない。あとをどう続けるか。「引き立てる」は規則[5]（能動態→受動態）によって「引き立てられる」に変換する。そうすると結果は次のようになります。

(2)* 美しくふるまうので彼女は引き立てられる。

**先生** ちょっと待った。最後の規則の適用はそれでいいのかな。「引き立てられる」は「無理に連れて行く」「特に目をかける」という意味の受け身では使うようだけど、「一層よく見えるようにする」の場合はどうかな。無理なような気がする。ここは規則[4]（他動詞・使役動詞→自動詞）を適用したほうがいいだろう。

(2)** 美しくふるまうので彼女は引き立つ。

最後は少し面倒な例。非常にヨーロッパ的な発想の文です。

(3) 幕末から明治にかけての動乱期は多くの英傑の活躍を見た。

**ナンデモ**　まず長い無生物主語から処理するか。［3］の規則から時間を表す状況補語への変換を考えよう。「幕末から明治にかけての動乱期に（は）」とすればいいかな。この変換によってほかの部分も替えなければならなくなるぞ。「多くの英傑の活躍」をどうするかだ。名詞の「活躍」を［1］の規則によって「活躍する」と動詞に替える。［2］の規則によって形容詞の「多くの」を「多く」と副詞に替える。すると「英傑が多く活躍する」という表現ができあがる。この三つの変換と元の文とを引き比べると、次のような文にまとめられるかな。答えが出ました。

(3)* 幕末から明治にかけての動乱期に（は）、英傑が多く活躍した。

**先生**　よくできた。［2］の適用はお見事。普通は「多くの英傑が活躍した」とそのままにしてしまうところだが。三つの答えを見るかぎり、変換の要領は飲みこんでいるようだね。いつものように、さっそく問題と行きたいところだが、いま三問つきあってもらったようなものだから、この書き替え練習は宿題に回すことにする。ちょっと問題数が多いかもしれないが、じっくり考えてみて。念のため解答例を添えておくよ。

**【問題18】**　次の各文を「やわらかな日本語」（述語中心文）に直しなさい。

(1) あなたの不幸の大きさがよく分かります。
(2) 彼はこの世界の永遠性を疑っている。

(3) あなたへのこのお話は、私の考えの正確な表現です。
(4) われわれの沈黙が両親を不安にする。
(5) この本は当時の人びとの考え方をよく伝えている。
(6) その光景は彼女の怒りを爆発させた。
(7) 調査の結果はその従業員の有罪を証明した。
(8) この工法はビルの完成を早めるだろう。
(9) この調査の結果は私に次のような結論を得させた。
(10) 台風一三号が空の便の完全な麻痺を引き起こした。
(11) 彼の受けた厳しいしつけが、彼の性格に悪い影響を及ぼした。
(12) 彼の返答の曖昧さが私たちを困惑させる。
(13) カケスの繰り返される鳴き声が、遠くにいる野獣の存在を彼に知らせた。
(14) 教授は講義中の静粛を学生たちに求めた。
(15) あなたへの信頼が私にいろいろな不都合を引き起こした。
(16) 彼の勇敢なふるまいは、敵側の人びとをも感嘆させた。
(17) こんな場合の躊躇《ちゅうちょ》は無為無策に等しい。
(18) 屍《しかばね》さながらの彼の痩軀《そうく》が私を驚かせた。
(19) この事件の外交上の影響の大きさは政府を憂慮させている。
(20) 被告たちは無罪の明白な約束に譲歩した。

**【問題18解答例】**

(1) あなたの不幸がどんなに大きいかよく分かります。

(2) 彼はこの世界が永遠であることを疑っている。↓彼はこの世界が永遠に続くとは思っていない。

(3) こうしてあなたにお話ししていることは、私の考えを正確に表現しています。↓こうしてあなたにお話ししていることは、私が考えていることをそのまま申し上げています。

(4) われわれの沈黙のせいで両親は不安になる。↓われわれが沈黙しているので両親は不安になる。↓われわれが連絡しないものだから両親は不安になる。

(5) この本には当時の人びとの考え方がよく伝えられている。↓この本には当時の人びとがなにを考えていたのかがよく伝えられている。↓この本を読めば当時の人びとがなにを考えていたかがよく分かる。

(6) その光景を目にして、彼女の怒りが爆発した。

(7) 調査の結果、その従業員が有罪であることが証明された。

(8) この工法のおかげでビルが早く完成するだろう。／この工法のおかげでビルの完成が早まるだろう

(9) この調査の結果、私は次のような結論を得た。

(10) 台風一三号のせいで空の便の完全な麻痺が引き起こされた。↓台風一三号のせいで空の便

が完全に麻痺した。

(11) 厳しいしつけを受けたせいで、彼の性格は悪い影響を及ぼされた。／厳しいしつけを受けたせいで、彼の性格に悪い影響が及ぼされた。↓厳しいしつけを受けたせいで、彼の性格は悪い影響をこうむった。

(12) 彼の曖昧な返答が私たちを困惑させる。↓私たちは彼の曖昧な返答に困惑している。↓彼が曖昧に返答するので私たちは困惑する／とまどう。

(13) カケスの繰り返される鳴き声のせいで、遠くにいる野獣の存在を彼は知った。／カケスが繰り返し鳴くので、遠くに野獣がいることを彼は知った。↓カケスがしきりに鳴くところをみると、どこか遠くに野獣がいるらしいと彼は思った。

(14) 教授は講義中は静かにするように学生たちに求めた。

(15) あなたへの信頼のせいで私はいろいろと不都合を引き起こされた。↓あなたへの信頼のせいで私はいろいろと不都合をこうむった。↓あなたを信用したばかりに私はいろいろとひどい目に遭った。

(16) 彼の勇敢なふるまいには敵側の人びとも感嘆した。↓彼が勇敢にふるまったので、敵側の人びとも感じ入った。

(17) こんな場合に躊躇していることは無為無策に等しい。↓こんな場合に躊躇していることは何もしないのに等しい。

(18) 屍のような彼の痩軀に私は驚いた。↓死体のように彼が痩せ細っていたので、私は驚いた。

(19) この事件の外交上の大きな影響を政府は憂慮している。→この事件が外交上に大きく影響するのを政府は憂慮している。

(20) 無罪が明白に約束されたので被告たちは譲歩した。→罰せられることはないときっぱりと言い渡されたので、被告たちは自白した。

## 「やわらかな日本語」を「かたい日本語」に翻訳しよう

**先生** 今度は自然な日本語(和文脈)を翻訳調(欧文脈)に変換することを考えよう。和文脈ですべて処理できればそれに越したことはない。しかしすでに注意したように、硬い文章を書くときは欧文脈で書かざるをえないことも多い。また文体をかっちり引き締めたい場合もある。表現の幅を広げる意味でも、この練習は不可欠だ。

要するに、さっきおこなった練習の逆をおこなえばいい。でも、念のため変換規則を書き出しておこう。

[1] 動詞を名詞に替える
[1]* 形容詞・形容動詞を名詞に替える
[2] 副詞を形容詞・形容動詞に替える

［3］原因・理由、手段・条件、場所・時間などの状況補語表現を無生物主語に替える
（次の規則はケース・バイ・ケースに適用する）
［4］自動詞を他動詞・使役動詞に替える
［5］受動態を能動態に替える

では、さっそくやってください。

(1) あなたに助けてもらいたい。

**ナンデモ**　まず規則［1］（動詞→名詞）で「あなたの助け」を導き出す。さあ、次の「もらいたい」はどうしたらいいんだろう。

あなたの助けをもらいたい。

では日本語としておかしいな。こんなときはどうするんですか。

**先生**　変換規則を適用すると、どうしても元の表現に手直しを加えなければならない場合が出てくる。そのときは元の表現をそこなわないかぎりで別の表現に取り替える。

**ナンデモ**　そうか。

(1)* あなたの助けを求めている。

ではどうですか。

**先生**　いいと思うけど名詞を多くして文を締めたければ、

(1)** あなたの助けを必要としている。

という手もある。

それでは次に行くよ。

(2)　白い壁のせいでこのアパルトマンは明るい。

**ナンデモ**　[3]（無生物主語）と［4］（自動詞→他動詞）の規則を使います。

(2)* 白い壁がこのアパルトマンを明るくしている。

**先生**　そう、その調子でいきましょう。

(3)　幸せな二人はほのぼのとした雰囲気に包まれている。

**ナンデモ**　規則［5］（受動態↓能動態）と［3］（状況補語↓無生物主語）の規則を適用する。

(3)*　ほのぼのした雰囲気が幸せな二人を包んでいる。

**先生**　なかなかいいですね。

(4)　彼の生きた時代が彼の作品によって正確に再現されている。

**ナンデモ**　まず［5］（受動態↓能動態）を適用します。

(4)*　彼の作品は彼が生きた時代を正確に再現している。

次に［1］（動詞↓名詞）と［2］（副詞↓形容動詞）を適用する。

(4)**　彼の作品は彼の生きた時代の正確な再現である。

**先生**　ここでとどめてもいいけども、ノの表現力に目をつけて「彼の生きた時代」を「彼の時代」とすることもできるかな。ま、これはやめとくほうがいいか。それでは最後の一問。

（5）　情念に屈服して彼は大きな過ちを犯した。

**ナンデモ**　まず「情念に屈服して」の部分の変換を考える。［1］（動詞→名詞）を適用して「情念の屈服」とする。

**先生**　待った。「情念の屈服」はまずいよ。「情念が屈服すること」になってしまう。ここは格助詞を補って「情念への屈服」と明確にすべきだ。

**ナンデモ**　なるほど、そうですね。次に規則［3］（状況補語→無生物主語）と規則［4］（自動詞→使役動詞）を適用する。そうすると次が答えです。

（5）＊　情念への屈服が彼に大きな過ちを犯させた。

**先生**　だいぶ書き替えに慣れたみたいだね。五つの問題におつきあい願ったので、こちらも書き替え練習は宿題に回すことにしよう。

【問題19】「かたい日本語」に直しなさい。

(1) 恋人が一刻も早く帰国するのを待ちわびている。

(2) このような状況を前にすると、私たちは改善するようにうながされる。

(3) このプロジェクトを実現するためには全員が協力しなければならない。

(4) この分析のおかげでこの二つの製品の違いがはっきりする。

(5) 仕事が厖大なので彼は尻込みした。

(6) 無知ゆえに彼は破滅した。

(7) この政策によって物価が急激に上昇するのが抑えられるだろう。

(8) 経済的状況が悪くならないようにするにはどうしたらいいのか。

(9) 女性は男性よりも環境にしなやかに適応する。

(10) この問題は緊急に解決されなければならない。

(11) 彼の毅然《きぜん》とした態度に私は大きな感銘を受けた。

(12) 人びとが憎みあっていた時代はすでに過ぎ去った。

(13) 歴史上、このような崩壊はいまだ起こったことがない。

(14) インターネットの普及のせいで地球が小さくなった。

(15) 持ち前の元気のよさで、彼はときどき無軌道な行動に走る。

【問題19解答例】

(1) 恋人の一刻も早い帰国を待ちわびている。
(2) このような状況は私たちに改善をうながす。
(3) このプロジェクトの実現は全員の協力を必要とする。
(4) この分析はこの二つの製品の違いをはっきりさせる。
(5) 仕事の厖大さが彼を尻込みさせた。
(6) 無知が彼を破滅させた。
(7) この政策は物価の急激な上昇を抑制するだろう。
(8) 経済的状況の悪化を回避するにはどんな対策を講ずべきか。
(9) 女性の環境への適応は男性よりもしなやかだ。／環境への適応は女性のほうが男性よりもしなやかだ。
(10) この問題は緊急な解決を要求している。／この問題の解決は緊急を要する。
(11) 彼の毅然とした態度は私に大きな感銘を与えた。
(12) 憎しみの時代はすでに過ぎ去った。
(13) 歴史はいまだこのような崩壊の例を知らない。
(14) インターネットの普及が地球を小さくした。
(15) 持ち前の元気のよさが彼をときどき無軌道な行動に走らせる。

第八章●段落で考える

## 「具体的に」書く

ナンデモ　前回は欧文脈と和文脈の双方向的変換を練習し、また宿題もたっぷりやりました。「やわらかな日本語」と「かたい日本語」の使い分けについてはだいぶ飲みこめてきました。ところで論文の場合、文体も大切ですけど、やはり論の展開が問題ですよね。

先生　もちろんさ。ただ、論の展開というとすぐ論証法とか説得術とか、論理学やレトリックの小難しい話題を連想するかしれないが、作文術との関連で言うと段落に注意さえすれば問題はない。

ナンデモ　それって一体どういうことなんです。

先生　段落は論文（文章）のミニチュアだということさ。文をつないで段落を組み立てる。段落をつないで文章を組み立てる。この両者のあいだには平行関係が見られる。その要領はまったく同じ。文という小さなブロック、段落という大きなブロック、この二つのタイプのブロックを上手に組み合わせ、積み上げていくことが、論文を書くことなのだ。これはなにも論文にかぎらない。実用文のすべての場合に当てはまる。

**ナンデモ**　ブロックの組み立て方ですか。なんだか難しそうですね。

**先生**　いや、そんなことはないよ。私は論理的な議論の進め方はとても簡単なことだ、とつねづね考えている。要するに、自分の「主張」（意見）には論拠（理由づけ）をきちんと挙げることだ。前に注意したように、「言いっぱなし」にならないように心がけること、それだけのことさ。

卒業論文とかレポートなら、独りよがりの文章でも、教師はまあ我慢して最後までつきあってくれる。でも就職活動で書かされるエントリーシートだったらどうだろう。なにしろ採用担当者はうんざりするほどたくさんの文章を読まなければならない。つまらない文章につきあう義理はない。書き出しをチラリとながめてポイということはいくらでもある。

**ナンデモ**　今エントリーシートの話が出ましたが、ちょうどいいな。渡りに船です。実は外資系企業に出すための「自己ＰＲ」をここに持っています。お願いです。見ていただけませんか。

**先生**　ああ、いいとも。これから段落の問題を取り上げようと思っているけど、エントリーシートは二〇〇字程度だから段落を考えるには格好の見本だ。どれどれ読ませてもらおうか。ふむ、ふむ。

**【ナンデモくんのエントリーシート】**

私は外資系企業に就職したいと思い、それには英語の実力が必要と思いました。一年生のとき初めて受けたＴＯＥＦＬが四五〇点、ＴＯＥＩＣが五三〇点、これではいけないと猛反省して、英語の勉強に取り組みました。通学時間が往復二時間半でしたので、この時間の有効利用を図りました。私はリスニングが特に弱いので、この時間をそれに当てました。それから読解力をつけるために英字新聞を毎日一時間かならず読むようにしました。また英語の表現力をつけるために毎日英文日記をつけました。おかげで現在、TOEFLとTOEICの成績が大幅にアップしました。このように私の長所は有言実行とチャレンジ精神です。これと決めたことは確実に達成します。

うーん、これはダメだな。「ポイ捨て」の口だね。

**ナンデモ**　いったいどこが悪いんですか。

**先生**　文章がだらだらしていて、漠然としている。就職活動は要するに「自分を売り込むこと」だ。よけいな説明は無用、セールスポイントをずばり提示する。

**ナンデモ**　それで、先生ならどう書きます。

**先生**　そう、論より証拠だ。きみの文章を書き直してみよう。まず聞きたいのだが、きみのTOEFLとTOEICの最終スコアは何点なの。

**ナンデモ**　TOEFLが五三〇点、TOEICが七三〇点です。

**先生**　それはすごい成果ではないか。それを具体的に売り込まない手はない。それから箇条書きを使って文章を整理して読みやすくしよう（しばらく文案を練っている）。

さあ、できたぞ。

**【先生の修正案】**

根性とチャレンジ精神でTOEFL八〇点、TOEIC二〇〇点アップ！
私は英語の実力をつけるために次の三つのことを毎日実行しました。
①往復二時間半の通学時間をリスニングの練習に当てる。
②読解力をつけるために英字新聞を毎日一時間読む。
③表現力を高めるために毎日英文日記をつける。
おかげ次のような成果を上げることができました。
TOEFLのスコア　四五〇点→五三〇点
TOEICのスコア　五三〇点→七三〇点
私の長所は有言実行です。これと決めたことは確実に達成します。

**ナンデモ**　すごくすっきりしていて説得力があるなあ。なるほど具体的なデータを挙げるといいのか。話題を整理するためには箇条書きという手もあるんだ。

**先生**　「箇条書き」だけでなく、文章の流れを明確にするために「予告」したり、「まとめ」たりすることも有効だ。この三つは読み手へのサービスなのさ。

とにかく、いちばん言いたいメッセージ（主張＝結論）を頭に出すことだ。きみの書き方は帰納法といって、理由を挙げてから最後に結論を導く。たしかにこれは推論のプロセスとしては自然なのだが、論（文章）の進め方（書き方）としてはもたもたしている感じになる。自己をPRする文章は「簡潔」「明快」「具体的」でなければならない。これは実用文の三要件でもある。PRは要するに説得だからね。

文章を書く人は、読み手には読まない権利があるのだということをしっかりと心に刻み込んでおく必要がある。そうした読み手の正当な権利を行使させないためにも、しっかりとした論拠（理由づけ）をしなければならない。もっとも、論拠についてはそう大げさに考える必要はない。日常的議論ではどういうものがあるかについてはあとで紹介する。

## 【心得34】箇条書き・予告・まとめは読者へのサービス

### 「伝達・報告する」文章

**先生** 前に紹介したように井上ひさしは「観察する。要約する。報告する。そういう文章をうんと書かせる」と提案したが、「観察する」を挙げたのは文学的文章が念頭にあったからだろう。しかし「実用文」の観点からすればこの三つのアイテムは「説明する」と「要約する」と言い直すことができる。「説明する」と「要約する」はまさしく作文力の基本。この二つの能力を高めることは作文力だけではなくて、社会を生きていく上でも強力な武器となる。そしてこの二つの能力は段落の作り方のいかんにかかっているといってよい。段落についてはいずれ詳しく説明するけど、今は「一字下げで書かれた文ではじまるいくつかの文の集まり」ぐらいに考えておけばよろしい。

**ナンデモ**　本当ですか。段落ってそんなに大切なんですか。

**先生**　そうだよ。

まず「説明する」から見ていくことにしよう。「説明する」行為はいろいろなものにかかわるが、基本的には二つにまとめることができる。一つは自分の見たこと、聞いたこと、感じたこと、知ったことを分かりやすく正確に相手に伝えること、もう一つは自分の主張・見解・思想を相手に十分理解させて同意を得ることだ。言い替えれば「伝達・報告すること」と「説得・論証すること」だ。

まず「伝達・報告」タイプの「説明」を問題にしよう。例として「バラのシュートの処理法」を取り上げる。

**ナンデモ**　えっ、バラのシュートってなんのことですか。

**先生**　案の定だ。そんな反応が返ってくると思っていた。そうだとかえって、今の場合は好都合になる。当人の知らないことを説明するのは難しい。きみはまだ若いから植物なんかに興味は示さないかもしれない。かくいう私だって中年になってからだよ、園芸に興味を持ったのは。

**ナンデモ**　そういえば通りに面した花壇にきれいなバラがたくさん咲いているのを以前に見たことがありましたが、先生が手入れをしていたんですか。

**先生**　ほかの花は女房が育てているけど、バラは手がかかるので私の仕事というわけさ。それでは、「バラのシュートの処理法」というテーマで書いた四〇〇字程度の説明文をお見せしよう。

## 【例文】

バラの株は五・六月に花が咲きだすと、根ぎわから元気のよい太い枝が伸びてくる。これは「ひこばえ」(徒長枝)で、生長力が旺盛《おうせい》である。普通の植物では樹勢を弱めるのですぐに切除しなければならないが、バラの場合は「シュート」と呼んで大切にする。シュートが出れば株の寿命はまだ二・三年は大丈夫ということになる。

シュートは将来の幹として上手に育てなければならない。そのまま放っておくと、箒《ほうき》状に枝がはびこって花を咲かせてしまう。こうなると枝の下のほうで刈るしかなくなる。この事態を避けるためには、四〇センチぐらいに枝が伸びた頃、柔らかい先端(外向きの葉のすぐ上)を摘んで枝の伸びをいったん止める。しばらくするとまた元気のいい枝が出てくる。この枝に花を咲かせてもいいが、大きく育てる場合は先ほどの処置を繰り返して一メートル以上の枝に仕立てあげる。秋になるとこの太い枝(幹)に見事な花がいっぱい咲くことになる(三九五字)。

段落は二つにしてみた。

第一段落はシュートの説明だ。この段落の役目は読者に、必要な情報(予備知識)を与えて心の準備をさせることだ。本でいう「序」だとか「はじめに」に当たると考えればいい。ここでは特に、ほかの植物でいう「ひこばえ」と比較することによって、バラのシュートの特徴を浮き彫りにしている(比較・対照)。

第二段落が「本文」。この段落のいちばん大事なメッセージは「シュートは将来の幹として上手に育てなければならない」ということだ。ほかの文はその目標を実現するための具体的な手順の記述ということになる。とりわけ、処理を怠った場合（反対例）を例示してシュート処理の大切さを強調していることに注目してほしい。

**ナンデモ**　文章を書くときは「比較する」視点が重要なんですね。

**先生**　私がくどいくらいに強調している「マクロの視点」の必要性だよ。それからまた、門外漢の人にも分かりやすいように、具体的な数字（四〇センチぐらい、一メートル以上）やイメージ（箒状に枝がはびこって）に訴えた。

**ナンデモ**　さっきおっしゃった実用文の三要件「簡潔」「明快」「具体的」の「具体的」というやつですね。

**先生**　そうだ。とにかく文章は「具体的に」書くことを心がけないといけない。

**【心得35】達意の文章の三要件は「簡潔」「明快」「具体的」**

### 「説得・論証する」文章

**先生**　「説明」のうちの「伝達・報告すること」を見たので、今度は「説得・論証すること」を俎上に載せることにしよう。こちらは要するに自分の「主張」（結論）を説明する（理由づける）ことだ。これもあらかじめ用意した文章があるのでご披露しよう。

【例文】

車内アナウンスで「周りの人の迷惑になりますから携帯電話の使用はお控えください」という注意をよく耳にする。こうしたアナウンスに接するたびに私はふと考え込んでしまう。ここで言われている「迷惑」とはいったい何のことを指しているのだろうか。小さい声で話すのなら、周りに人がいないのなら、その場合はどうなのだろうか。

「私的なもの」と「公的なもの」をしっかりと区別することは大切である。ここで問題になっているのは、実はプライバシーの問題である。私的なものはみだりに他人の前にさらすべきではないし、他人のそれは深く詮索すべきものではない。私的なものは他人にとって迷惑（不快）なことも少なくない。ホテルの廊下はすでにして「公的な空間」である。だからパジャマやステテコ姿でうろうろするのは不謹慎である。

ところで、携帯電話の使用は私的なものである。本人たちにとってはそれは楽しいことかもしれないが、教室や電車のなかはあくまで「公的な空間」である。不快はなにも物理的なものとは限らない。精神的な場合もある。「私的な空間」が「公的な空間」に持ち込まれることじたいが不快なのだ。教室で私語が禁じられるわけである。うるさくはないけれども、筆談の「私語」もご法度である。

私的なものは私的にとどめておく、それは社会生活を送る上での最低のマナーあるいはエチケットである。（五六八字）

いちおう「小論文」の形式でまとめてみた。小論文は自分の考えを「主張する」文章の雛形《ひながた》と考えていい。

**ナンデモ**　小論文を話題にしてくれると、就職試験でも出されるので有難いです。

**先生**　小論文は長さはいろいろだが、八〇〇字から一二〇〇字で、制限時間は五〇分から九〇分というところかな。本格的な論文と異なり独創性は要求されない。私の書いたものも大した代物《しろもの》ではない。ただ、小論文は作文や感想文と違って「主張する」文章なので、「論理的＝説得的」であることが求められる。まあ、内容は常識的でもいいけど、論理の筋だけはとおっている文章と思えばよろしい。

**ナンデモ**　独創性は別に要求されないのですか。

**先生**　小論文は受験者の論理的思考力を見るために書かせるものだ。それに、独創的な考えなんか入学試験や入社試験に求めたらそれこそ全員が不合格、間違いなし。独創性をそう安易に考えてもらっては困る。

**ナンデモ**　すみません。反省します。

**先生**　まあ、そんなに恐縮することはないよ。みんなそんなふうに小論文を誤解してよけいな心配をしているのさ。小論文に独創性は必要なし。大事なのは、論をいかにそれらしく組み立てるかだよ。

さて、小論文では出された課題に対してどういうスタンスをとるかをまず決めなければならない。

右の小論文は「携帯電話について」という課題への答えだと考えてください。こうした漠然とした課題の場合は特に注意を払う必要がある。スタンスとは、要するに切り口で、与えられたテーマをどういう角度から捉えるか、どういうふうに料理するかということだ。課題に対して自分なりの「題」をつけることだと考えると分かりやすいかもしれない。

**ナンデモ**　「携帯電話と私」とか。

**先生**　漠然とした課題のときは「〜と私」はなるほど「開けゴマ」にはちがいないが、もう少し絞ったほうがいい。文章は論点を絞れば絞るほどよくなる。そこで私は「携帯電話とプライバシー」という題（テーマ）を考えた。

**ナンデモ**　論文は《「序論」＋「本論」＋「結論」》という形式におさめるようにとよく言われますが、ちゃんとその形式を踏んでいますね。

**先生**　論文は形式を踏まないといけない。論文には型がある。三つの基本要件を満たしていないとどんなにすばらしいことを論じていても論文としては失格になる。その三つとは「問い」（問題提起）、「答え」（結論）、「理由づけ」（論拠）だ。三段謎に引っかけて言えば論文は「Aとカケて、なんとトク、Bとトク、そのココロはCである」ということになる。私の文章では第一段落が「問い」（問題提起）、第二段落・第三段落が「理由づけ」（論拠）、第四段落が「答え」（結論）になっている。

論の展開は大きく分けて二とおりある。ナンデモくんのさっきの自己PRは帰納法だと指摘したけど、こちらは演繹《えんえき》法だ。

ナンデモ　帰納法だとか、演繹法だとかなんだか話が難しくなってきましたね。

先生　そんなことはない。簡単な話だよ。帰納法は手持ちのいくつかのデータ（事実）をもとにして一つの主張（結論）を導き出す。いわばボトム・アップ方式だ。データがたくさんある場合は帰納法が便利だ。データをして語らせればいい。ナンデモくんは高得点という「よい」データを論拠に自分の優秀性を売り込んだわけだよ。帰納法の論拠は「経験的なもの」（事実）に求められる（後出）

それに対して演繹法はデータ（事実）ではなくてアイデア（発想）で勝負する。トップ・ダウン方式だ。うまい理屈を考え出すことだ。悪く言えば屁理屈《へりくつ》をこねることさ。ここでは第二段落の「私的なもの」と「公的なもの」をしっかりと区別することが大切である、「公的な空間」に「私的な空間」を持ち込んではいけない、という命題がポイントになる。これはいってみれば常識的でまっとうな考え方だ。この当たり前の考え方を意外な対象に適用するのが演繹法のミソということになる。演繹法は「法則的なもの」（権威）が論拠にすえられるので、どうしても論調が高飛車になる。

携帯電話を禁止する論拠は普通は「うるさいから」という物理的なものが挙げられる。この点については第一段落の問題提起で触れている。それって違うんじゃないというのがこの小論文の主張（ツッコミ）だ。物理的な迷惑（不快）に対しては「それじゃ静かに話せばいいのでしょ」という反論（逆ねじ）がありうる。そこで、その反論をあらかじめ封じるために精神的迷惑を持ち出し、マナー（エチケット）の問題へと論点を誘導していく。そこで第三段落の「携帯電話の使用は私的なものである」という認定（裁断）が持ち出される。この認定が正しければ、携帯電話の公的場面での使用は不可ということになる。

いま説明した論証をまとめると、この小論文は次のような三段論法に従っていることになる。

「私的な空間を公的な空間に持ち込んではならない」
「携帯電話の使用は私的なものである」
「ゆえに公的な空間での携帯電話の使用はマナー違反である」

**ナンデモ**　うーん、論理の筋はとおっているけど、うまく言えませんが、なんかごまかされている感じがするな。

**先生**　なるほど、すりかえや独断の可能性はあるかもしれない。まあ、それは言ってみれば演繹法の宿命ってとこかな。身も蓋もない言い方になるけど、自然科学以外の文章（論文）は結局いかにうまく相手を言いくるめるかってことなんだ。このことはいずれあとで問題にしよう。

**【心得36】論文は三つのパーツ、問い（問題提起）・答え（結論）・理由づけ（論拠）からなる**

## 要約は縮約ではない

**先生**　ところで、本当を言えば論文に「序論」（問題提起）はいらない。その証拠に「序論」は普通はいちばん最後に書く。飾りとまでは言わないが、序論はまあ「呼び込み」のようなもので、読者の関心を引き出すのが役目だ。だから問題提起は疑問文にすることが多い。だいたいは結論が答えになるような疑問文を作ればよい。

**ナンデモ**　へー、知らなかった。「序論」って最初に書くものとばかり思っていた。

**先生**　それで驚くのはまだ早い。「結論」もおまけさ。

**ナンデモ**　そんな無茶な話ってあるんですか。

**先生**　「結論」はたいていは文章のなかのいちばん重要なメッセージの言い直し、あるいは確認にしかすぎない。たとえば私の書いたもので言うと、《私的なものは私的にとどめておく、それは社会生活を送る上での最低のマナーあるいはエチケットである》という結論は、《「私的なもの」と「公的なもの」をしっかりと区別することは大切である》をちょっと観点を変えて言い直しただけだよ。

**ナンデモ**　たしかに、言われてみればそのとおりですね。

**先生**　ここで先ほどの小論文を段落の観点から捉え返してみよう。そうすると興味深い事実が確認できる。すでに指摘したことから分かると思うが、第一段落と第四段落、つまり「序論」と「結論」は論の展開から言うと不要だ。小論文という形式を満たすために追加しただけだ。第二段落と第三段落が問題の小論文の実質（本論）である。そして、それぞれの段落は重要な命題、《「私的なもの」と「公的なもの」をしっかりと区別することは大切である》と《携帯電話の使用は私的なものである》を中心にきっちりとまとまっている。言い替えれば、きっちりまとまった段落をきっちり積み上げていくことが文章（論文）を書くということなのさ。あとでも確認するように段落といってもいろいろバリエーションはあるけれども、標準的な段落は中心的な命題とそれを補足・支持する（いくつかの）文からなる。前者を「中核文」、後者を「補強文」と呼ぶ（後述）。中核文を押さえれば文章（論）の流れは見えてくる。

これで論文と段落の関係がお分かりいただけたかな。

**ナンデモ**　先ほど「段落は論の展開のミニチュア」とおっしゃいましたが、このことだったんですか。

**先生**　そのことをもっと実感できるようにここで一つ課題を出そう。さっきの小論文を一〇〇字から一五〇字以内で要約してごらん。

**ナンデモ**　あの小論文は六〇〇字でしたから、まあ四分の一くらいに短くすればいいわけですね。カンタン、カンタン。

**先生**　急ぐことはないよ。ゆっくり時間をかけてやってみて。（ナンデモくんがやり終わったのを見とどけて）できたようだね。

**ナンデモ**　うーん、無理です。半分にするのがやっとです。

**先生**　もとの文章じたいがかなり絞り込んだものだから、要約するのが難しいのはよく分かるけど。

どれどれ読ませてもらおうか。

**【ナンデモくんの要約】**

「私的なもの」と「公的なもの」を区別することは大切だ。携帯電話の使用を禁じる放送が車内でよく流れるが、問題の「迷惑」とは何のことか。私的なものは妄《みだ》りに他人の前にさらすべきではない。たとえばホテルの廊下をステテコ姿で歩くこと。私的なものは他人にとって不快な場合もある。携帯電話の使用は私的なものである。声が大きいか小さいかに関係なく「公的な空間」である車内で「私的な空間」である携帯電話を使用することはマナーに反する。不快はなにも物理的なものとはかぎらない。精神的なものもある。筆談の「私語」もご法度なのだ。私的なものは私的にとどめることは社会生活のための最低のエチケットである。(二八九字)

「携帯電話の使用を禁じる放送が車内でよく流れるが、問題の「迷惑」とは何のことか」はなかなかうまい処理法だ。いろいろ苦労のあとはうかがえるけど、なにか根本的な誤解があるようだね。

**ナンデモ**　根本的な誤解ですか?

**先生**　うん、そうだ。ナンデモくんは元の文章を均等に縮めている。要約は縮約ではない。要約は元の文章が展開する「論の骨組み」だけを示せばいいのだよ。枝葉を切り払い幹だけ取り出すこと、つまり問題提起・結論・論拠、この三つだけを取り出すこと、あとはスペースとの相談で取捨選択すればいい。それと、要約は字数がかぎられているのだから文体にも注意する必要がある。「やわらかな日本語」ではなく「かたい日本語」を使って簡潔にまとめるようにしたらどうだろうか。たとえば次のように要約してみる。

**【先生の要約】**

携帯電話の車内での使用にはどんな問題があるのか。「公的な空間」への「私的な空間」の持ち込みはマナー違反である。その違反から受ける迷惑（不快）はなにも物理的とは限らない。精神的な場合もある。携帯電話の使用は私的なものだ。声の大小に関係なく、公的な空間である車内ではその使用は禁止されるべきである。（一四七字）

もっと削れと言うのであれば「問題提起」に当たる最初の文は割愛する。反対に字数に余裕があれば、ホテルの廊下でのマナー違反を例として挙げたり、主要なメッセージを言い直して「公私のけじめ、それは社会人としての最低のエチケットである」と強調したりすればよろしい。

文章がまとっていた衣装をすべて取り払い、その骨格だけを示すのが要約という作業なのさ。要約するためには元の文章の骨組みをしっかり読み取っていなければならない。要約の重要性がお分かりいただけたかな、ナンデモくん。いいなあと思った文章に出会ったら、二〇〇字ぐらいに要約してみることだ。とてもいい勉強になるよ。

**ナンデモ**　よく分かりました。やってみます。

## 【心得37】段落は文章（論文）のミニチュアである

### 段落で考えるということ

**ナンデモ**　先生はさっき「論理的な議論の進め方はとても簡単なことだ」とおっしゃいましたが、論拠に支えられた説得的な文章を書くのはそんなに「簡単な」ことでしょうか。反対に、なんだかとても難しいことのようにぼくには思えてしかたがないんですが。

**先生**　きみの心配はよく分かる。何度も確認したように日本語は主観的だから。それでは、ここで日本語の主観性を段落の問題に引きつけて捉え直してみよう。

**ナンデモ**　日本語の主観性と段落の問題は関係があるんですか。

**先生**　あるもあり、大ありだ。しばらく日本語における文と段落の関係について一般論を述べるので、理解しにくい個所があるかもしれないが、そこはまあ、辛抱して聞いてくれたまえ。あとで具体的に考え直すことにするから。

**ナンデモ**　分かりました。どうぞ。

**先生**　日本語は文で考える。短詩型文学の俳句や和歌を思い合わせればよい。日本人は小さいものをよしとする美意識が強い。つまり対象の「部分」にこだわる。「部分」の微妙なふるまいに面白さ・美しさを感じ取る。たとえば俳句は瞬間的なもの、繊細なもの、細かいものをぱっと写し取る。スナップ・ショットだ。「古池や」の句も蛙《かわず》が水に「飛びこんだ」刹那《せつな》を形象化している。私はそれを「ミクロの視点」と呼んでいる。

日本語では視点が「部分」から「部分」へと移動する。イメージが横並びに写し取られる。すでに紹介した「サイタ、サイタ、サクラガサイタ」「出タ、出タ、月ガ、マルイ、マルイ、マンマルイ、盆ノヨウナ月ガ」を思い起してほしい。日本語は対象に密着し、臨場感を伝えるのは得意だが、「全体」への視点、マクロの視点が欠落しがちだ。つまり「全体」から「部分」を捉え返すスタンスがないのだ。むしろ「部分」でもって切り上げるのをよしとする美意識さえ感じられる。すでに引いた「言いおおせて何かある」という芭蕉の言葉を思い起こそう。これはすでに説明したように「すべてを言い尽くしてしまったらおしまいである」という意味だ。つまり「部分」でもって「全体」に代えることを求めている。日本文化に固有の「余情」「余韻」「余白」の美学です。

ところで、「ミクロの視点で書く」ということと「文で考える」ということは同じことを言っている。文の単位で書くと、次の文とのつながりしか考えない。たしかに、当座の文と次の文のあいだには関連性が見られる。しかしこのプロセスを繰り返すと、文章の流れがあらぬかたにしだいに逸れていくおそれがある。この意外性を連歌の「付合《つけあい》」などはむしろ楽しんでいる。

しかしながら、文章（実用文）は雑然とした「文の集まり」であってはならない。きちんと筋が通っていなければならない。すべてを言い尽くさなければならない。推量の余地（余情・余韻・余白）を残すなどもってのほか。この要請は作文術ではどういう形であらわれるか。段落の重視だ。

文章を「文」で考えるのではなくて「段落」で考える、つまり発想の切り替えが求められる。

文章は「段落」で考える。この発想が日本人にはなかった。そのことの大切さを思わなかった。だから筋のとおった文章が書けなかった。ひとえに段落という観念が欠けていたからだ。段落の重要性が意識されていなかったからだ。段落の高みに立てば、おのずと文の流れが見えてくる。全体をにらみながら文を書いていけば、首尾一貫した文章が紡ぎ出されてくる。そういうわけで作文術ではマクロ（全体）の視点をとることが重要なのだ。

では、具体的にはどうしたらマクロの視点に立つことができるのか。先ほどの小論文の話題を使って説明しよう。まず中心軸をしっかりと固定すること、トピック・センテンス（中核文）を決めることだ。中核文は原則としてワン・センテンス。「文」の形をした小見出しと考えて差し支えない。「公的な空間に私的な空間を持ち込むことはマナー違反である。」

中核文が決まったら、それを支援するサポーティング・センテンス（補強文）を考える。

中核文をさらに詳しく説明する（敷衍《ふえん》）。「その違反から受ける迷惑（不快感）はなにも物理的とは限らず、精神的な場合もある。」

中核文を具体例で説明する（例示）。「携帯電話の使用を禁じる放送が車内でよく流れるが、言うところの「迷惑」とは何のことか。小さい声で話すのなら他人に物理的な迷惑をかけないのだから携帯電話を使ってもいいのか。携帯電話の使用は私的なものだ。声の大小に関係なく、公的な空間である車内では使用すべきではない。」

視点を転じて類似例・反対例を取り上げる（比較・対照）。「パジャマやステテコ姿でホテルの廊下をうろうろしてはいけないのと同じだ。」

強調したかったら中核文を、段落の最後で言い直す（締め括り）。「公私のけじめ、それは社会生活を送る上での最低のエチケットである。」

いま挙げた例をとおしで示すと次のようになる。

> 公的な空間に私的な空間を持ち込むことはマナー違反である。その違反から受ける迷惑（不快感）はなにも物理的とは限らず、精神的な場合もある。携帯電話の使用を禁じる放送が車内でよく流れるが、言うところの「迷惑」とは何のことか。小さい声で話すのなら他人に物理的な迷惑をかけないのだから携帯電話を使ってもいいのか。携帯電話の使用は私的なものだ。声の大小に関係なく、公的な空間である車内では使用すべきではない。パジャマやステテコ姿でホテルの廊下をうろうろしてはいけないのと同じだ。公私のけじめ、それは社会生活を送る上での最低のエチケットである。

**ナンデモ**　論理の筋がびしっととおっていますね。

**先生**　大切なことは中核文と関係のない文は絶対に書かないことだ。段落の話題は一つに絞る。話題、あるいは視点が変わったら新しい段落を起こす。

以上、駆け足で段落の大切さ、中核文と補強文の役割を説明した。それぞれが具体的に段落のなかでどのように働くことになるのか、それをこれからもっと詳しく見ていくことにしよう。段落の問題をマスターすればどんなタイプの文章にもばっちり対応できる。

**段落はなぜ必要か**

**先生**　段落は「パラグラフ」の訳語です。
**ナンデモ**　パラグラフって、もともとはどういう意味なんです。
**先生**　パラグラフの語源は「脇に書かれたもの」という意味で、文章の切れ目に印をつけたことに由来している。
**ナンデモ**　その印はなんのためにつけるんですか。
**先生**　文章の「切れ目」、つまり「意味のブロック」をはっきりさせるため、言い替えれば文章を読みやすくするためさ。容易に想像できると思うけど、パラグラフのない文章はとても読みづらい。欧米の作文教育ではパラグラフの必要性・重要性が生徒の頭にきっちりとたたき込まれる。
　なるほど、欧米文化の影響を受けて日本でも「段落」の重要性が認識されるようになり、学校教育でも段落は教えられるようになった。しかしながら、その意味が本当に理解された上で教えられているのかどうか、どうも疑問だな。
**ナンデモ**　そう、そう、「形式段落」と「意味段落」の区別を習った覚えがあります。
**先生**　そんな区別はナンセンスもいいとこだ。段落《パラグラフ》は「意味段落」のほかには考えられない。以下、横文字は極力避けたいので段落という言葉を使うが、欧米流のパラグラフのことを指している。

まず注意してほしいのは、ほんらい段落は形式（長さ）とは関係がないということです。あくまでも「意味のまとまり」です。段落は一つの「意味のブロック」を形づくる。一つのトピック（話題）でまとめられた文の集まりです。もっともトピックが変わらないからといって、やたらに長い段落を作るのは考えもの。まあ、上限は二〇〇字から二五〇字くらいかな。なるべく二〇〇字以内におさめることを考える。

**ナンデモ**　そうすると文と同じように、段落は短いほうがいいんですか。

**先生**　かならずしもそうとは言えない。段落は普通は三つから五つくらいの文からなる。例外的に一文のみからなる段落があって、「強調の段落」と呼ばれている。これはたまに使うから効果がある。多用すれば「意味のまとまり」を示す段落の役割を果たさなくなってしまう。

これと関連して、最近の新聞の社説が一・二文で段落を構成しているのが気になる。たぶん読みやすさを配慮しての書き方だと思われるが、問題がある。一見読みやすいように感じられるかもしれないが、文章の流れはかえって見えにくくなる。読者に不親切な書き方だ。一つの話題《トピック》を分かりやすく提示するには、やはり三つから五つくらいの文は必要だろう（ただし、メールだとかブログのような「くだけた」文書の場合はそのかぎりではない）。

**【心得38】一つの段落は二〇〇字以内におさめる**

## 中核文と補強文

**先生**　段落の中心になる文はトピック・センテンスと呼ばれる。「主題文」と訳すべきなのかもしれないが、「主題」はいろいろな意味にとれるので、私は機能に着目して「中核文」と呼んでいる。中核文は段落を要約し、中心軸の役目を果たしている。原則としてワン・センテンスです。

中核文は段落を要約するだけでなく、段落を先導する役目を果たすこともある。文章の流れのなかでその段落がどういう位置を占めているのかを知らせる。たとえば「いま提起された問題について具体例を挙げて検討することにしよう」とあれば、その段落では「例証」が展開されるのだなと見当がつく。これは前に推奨した「予告・箇条書き・まとめ」のなかの「予告」に当たる。文章の流れをはっきりさせるこのタイプの中核文を適当に段落の頭に置くことは望ましい。

心理学の実験によれば、質問リストの最初と最後の部分の項目は記憶率が飛び抜けて高いことが実証されている。この効果を使わない手はない。長い段落の場合は中核文を末尾で確認したり、言い直したりするとよい。

中核文以外はすべてサポーティング・センテンス（補強文）です。補強文は中核文を側面から支える。あくまでも内容の上で中核文と結びついていなければならない。言い替えれば「一つの段落に、一つの話題《トピック》」。話題が変わったとき、あるいは同じ話題でも視点が変わったときには段落を新しく起こす。

具体的には、補強文は次のような役割を果たしている。

(1) 中核文を説明する
(2) 実例を挙げる
(3) 論拠を挙げる（データ、文献、専門家の意見、通念など）
(4) 時系列の継起・経過を記述する
(5) 原因―結果や目的―手段の関係を分析する
(6) ほかの事例と比較・対照する（類似例ないしは反対例）
(7) 別の側面から捉え返す（影響、展望、コメントなど）
(8) 段落を締め括る（中核文を言い直す、あるいは次の段落へつなげる）

補強文は少なくとも右のどれか一つを果たせばいい。

中核文と補強文が共にそろっているという条件はあくまでも標準的な段落の場合です。小さい段落の場合、たとえば中核文だけのときもあるし、実例だけのときもある。ケース・バイ・ケースの対応が必要です。

論より証拠。次のエッセーを読めば、中核文と補強文が段落中でどんな働きをするかが納得できるはずです（傍線野内）。

若い人の恋愛は、肉体関係と結びついている。性欲を恋愛ムードの糖衣でつつむ、あるいは性欲をみたし合う関係を、愛し合うことと混同しがちだ。愛がなくても情事はできる。それを恋愛と勘ちがいして、愁嘆場をまねく例はめずらしくない。わたしも、若い頃はそうだった。恋をしたからには、セックス抜きの恋人同士なんて、恋人とは言えないと思っていた。

しかし、肉体の老化をいやおうなしに自覚する年齢になると、性欲ならぬ〝恋欲〟を、だいじに考えるようになっている。

わたしは四十八歳で夫と死別した。月日がたって落着いてくると、これから先も恋をするだろうが、夫婦の間で三度の食事と同じように日常化していた性愛の行為が、これからは一回一回「出来事」になるのか、と思った。まだ恋と情事を結びつけていた。年をとるにつれ、ありがたいことにしぜんの摂理で生理的欲求は弱まってくる。恋欲、つまり心の欲求と性欲をごっちゃにしないでいられるようになる。今のわたしは情事よりも、心の歓びが欲しい。勿論、心と肉体は切りはなせないけれど。（岩橋邦枝「〝恋欲〟は年をとらない」）

**ナンデモ**　あれ、段落の大きさがバラバラですね。二番目の段落はワン・センテンスですね。そろえないでいいのですか。

**先生**　さっき言った「強調の段落」です。段落の長さをむりやりそろえようとする人がいるが、内容に応じて段落の大きさ（長さ）はバラバラで、いっこうに構わない。あくまでも意味（内容）を優先させる。欧米ではむしろ段落に変化を持たせることが奨励されているくらいです。

ところで、傍線の文に注意してください。三つの文はそれぞれ自分が属している段落の中心思想を表している（もっとも第二の文はそのまま段落を形づくっているので当然だが）。中核文は第一番目のように段落の頭に置くのが望ましい。第三番目の段落は中核文を最初に持ってきてもちっともおかしくないのだが、第二段落との兼ね合い、つまり内容の上での重なりを考慮して後ろに回したのだろう。ちなみに、もし第二と第三の段落を一つにまとめれば、第二段落の一文が中核文になり、第三段落の最後は中核文を言い直した締め括りになる。

**ナンデモ**　先生、第一段落と第三段落の補強文はさっき挙げた役割のどれを演じているのですか。

**先生**　第一段落の補強文は(6)の「ほかの事例と比較・対照する」役割、第三段落の補強文は(7)の「別の側面から捉え返す」役割を果たしている。

段落は中核文をふくらませるかたちで展開するのがおすすめです。

**【心得39】中核文は段落の頭へ**

## 段落と接続語

**先生**　いま見た岩橋邦枝のエッセーは以前に掲げた分類でいえば「芸術文」に属します。この文章には接続語が第二段落の頭に一度しか使われていない。引用部分はエッセー全体の一〇分の一くらいに相当するが、ほかの個所でも接続語はほとんど使用されていない。

**ナンデモ**　どうしてなんですか。

**先生**　この文章が芸術文だからでしょう。芸術文はいったいに接続語の使用を嫌う傾向が見られる。この問題はあとでまた触れます。

　いま私は「接続詞」と言わずにあえて「接続語」という言い方をした。接続語とは、前の文と後の文をつないで「舵取《かじと》り」の役割を果たす言葉のことです。狭義の接続詞だけでなく、文頭に置かれた「ただ」「特に」「むしろ」や「その結果」「その一方で」など副詞・指示詞も含まれる。文と文をつないで段落を作るとき接続語は大事な働きをする。接続語の問題については井上ひさしの説明が傾聴に値する（『自家製　文章読本』）。井上は「接続言」という独自の言葉を使っているが、「接続語」と読み替えて差し支えない。井上は接続語を「文間」と関連づけて論を展開している。

**ナンデモ**　はー、ブンカンですか。

**先生**　たしかに「文間」とは耳遠い言葉だよね。要するに文と文の「間」のことさ。井上は「文間」に注目する。接続語は論の展開や語調をなめらかにするが、その一方で「文間の余白」を埋めることになる。井上は、文間は広くて深いほど文章に味わいが出ると考えている。文間の余白を自分で埋めることにこそ読書の楽しみがある。だから、文間の余白の効果をそこねないように接続語の使用は控える必要がある。

　井上の説を裏づけるように、文章家と言われる人たちはたいてい接続語の使用が少ない。森鷗外しかり、志賀直哉しかり、川端康成しかり、太宰治しかり。評論家でも小林秀雄は少ない。名エッセイストの文章もしかり。どうも「日本的な」名文と接続語の相性はよくないようです。

ナンデモ　どうしてなんです。
先生　前に問題にした日本的美意識が関係しているのでしょう。
ナンデモ　芭蕉の「言いおおせて何かある」ですね。余情・余韻・余白を重んじる美学か。
先生　そのとおり。すでに何度も確認したように、日本語はヨーロッパ語に比べると文の内部に隙間が多い。だがそれは文の内部だけの問題ではない。文と文とのあいだにも隙間がある。その隙間をむしろ広げようとする。そして、そうした隙間だらけの文章が「味わい深い」日本語と高い評価を受けることになる。

いったいに谷崎潤一郎や三島由紀夫のような小説家の文章論は、「品位」とか「格調」とかを重んじるので「無駄な穴塡《あなう》めの言葉」（谷崎）を嫌います。もっとも実用的文章指南書でも、文章の「うまさ」を重んじる著者たちは接続語の多用を戒めます。いま紹介した井上の文章が「文間の余白」に未練たっぷりなのは、「感動」を与えることを文章の目的に置いているからです。

私に言わせれば「品位より達意」です。実用文は情報伝達を最優先にしなければならない。自分の言いたいこと（情報）を正確に「伝達」することが肝心です。実用文は「文間の余白を、自分で埋める」読み手の想像力・推理力を当てにすることは厳禁です。接続語を省いたために誤解を招くくらいなら、文章が多少ギクシャクしてもクドくなっても、そんなことにはお構いなく接続語を使うべきです。

それでは問題を出します。芥川龍之介は日本の作家では珍しく接続語を多用します。次に挙げるのは短篇「秋」の冒頭です（「だが」は原文では「が」）。

【問題20】空欄に、適当な接続語を入れなさい。接続語は次に挙げるものから選びなさい（すべて使いきること）。

【1だが　2だが　3そこで　4そうして　5それが　6ただ】

信子は女子大学にゐた時から、才媛の名声を担っていた。彼女が早晩作家として文壇に打って出る事は、殆《ほとんど》誰も疑はなかった。中には彼女が在学中、既に三百何枚かの自叙伝体小説を書き上げたなどと吹聴《ふいちょう》して歩くものもあった。【a】、学校を卒業して見ると、まだ女学校も出てゐない妹の照子と彼女とを抱えて、後家を立て通して来た母の手前も、さうは我儘《わがまま》を云われない、複雑な事情もないではなかった。【b】彼女は創作を始める前に、まず世間の習慣通り、縁談からきめてかかるべく余儀なくされた。

彼女には俊吉と云う従兄《いとこ》があった。彼は当時まだ大学の文科に籍を置いていたが、やはり将来は作家仲間に身を投ずる意志があるらしかった。信子はこの従兄の大学生と、昔から親しく往来していた。【c】互に文学と云う共通の話題が出来てからは、愈《いよいよ》親しみが増したようであった。【d】、彼は信子と違って、当世流行のトルストイズムなどには一向敬意を表《ひょう》さなかった。【e】始終フランス仕込みの皮肉や警句ばかり並べていた。こう云う俊吉の冷笑的な態度は、時々万事真面目な信子を怒らせてしまう事があった。【f】、彼女は怒りながらも、俊吉の皮肉や警句の中に、何か軽蔑出来ないものを感じない訳には行かなかった。

ナンデモ 【a】は1の「だが」、【b】は3の「そこで」です。この二つは自信があるけど、あとの四つは少し迷っちゃうな。【c】は「そうして」「だが」「それが」のどれもはいるような気がする。ここは後回しにして【d】に移ろう。ここは「だが」か「ただ」のどちらかだ。「信子と違って」とあるから「逆接」ととって2の「だが」にしようか。【e】は「そこで」も考えられるけど、文と文のつながりがすんなりしているので4の「そうして」がいいかな。【f】も「だが」か「ただ」のどちらかだが、「だが」は二度つかってしまったので、6の「ただ」か。そうすると後回しにした【c】は最後に残った5の「それが」に決まりだ。

答えは【a】は1の「だが」、【b】は3の「そこで」、【c】は5の「それが」、【d】は2の「だが」、【e】は4の「そうして」、【f】は6の「ただ」です。

先生 上々のできです。合格点だ。dとfは原文では逆になっているけど正解とする。「逆接」の「だが」と「制限」の「ただ」は意味的にとても近いから。

ところで、日本の小説文の常識から言えばここで使われている接続語の半分は省略することができる。「逆接」と「制限」を表す「だが」と「ただ」は残るが、ほかの三つは削除しても差し支えない。「ただ」は「だが」でも置き換え可能なことを考えると、文間のへだたり（落差）の大きい「逆接」の接続語は省略しにくいということだろう。

ナンデモ 先生は先ほど接続語は遠慮なく使うべきだとおっしゃいましたよね。でも、芥川の文章については削除できる接続語を指摘しました。そうすると接続語に対する先生のスタンスをどう考えたらいいんですか。

**先生**　実をいえば接続語について私の立場は中道路線です。前にも人称代名詞、所有形容詞、指示語についても指摘したことが接続語についても当てはまる。芥川の例でも分かるようによく吟味すると、接続語は意外と削れるものなのさ。

そこで実際的な対処法として次のような方針をおすすめする。接続語を多く使おうとすると、文と文とのつながりを強く意識せざるをえなくなる。その結果として文章が理路整然となる。だから草稿の段階では、遠慮なく接続語を使って文章の論理化・明確化を考える。しかし推敲の段階で削れるものはなるべく削る。削るか削らないか迷ったときは残す。

たしかに、接続語の使用は書き手の判断によるところが大きい。接続語の多用は芥川の理知性を物語っている。芥川の接続語の使い方は実用文の手本になるのではないかな。

**【心得40】接続語の使用は迷ったら残す**

**どう論を展開するか**

**先生**　次に挙げるのは、前のエッセーとは違って実用書（料理本）からとった文章です（傍線・丸数字、野内）。

①レストラン並みのおいしいステーキを焼きたくても、なかなかうまくいかないものだ。ステーキのおいしさは、肉の厚みと、加熱のしかたが大きなウェートをもっている。厚く切ったほうが安い肉でもおいしいステーキができる。

②肉や魚の中には、繊維状になったタンパク質が含まれている。このタンパク質は、急速に加熱されると強く縮む。しかし、ゆっくり加熱すれば、あまり縮まない。強く縮むと肉や魚は堅くなり、縮みかたが弱いとやわらかだ。ただし、じわじわ、ゆっくり加熱すると汁が流れ出してしまい、水分の蒸発のためにカスカスした状態になってしまう。とくに肉にこの傾向が強いようだ。

③そこで、肉を焼く場合、汁を出さないようにするためには、まず肉を強く加熱し、表面を早く固めてしまうことが必要だ。しかし、これをすると、肉は強く熱せられ堅くなってしまう。これは、たいへん矛盾している。けれども、強く加熱しながら、ゆっくり加熱、ということが、どうしても必要だ。この解決は、肉を厚く切るか、フライパンとオーブンの併用しかない。

④肉を厚く切るとどうなるか、考えてみよう。ビーフステーキなどがよい例だ、肉をフライパンにのせると、鉄板にあたっているところは強く熱せられる。薄くて、面積の広い肉だと、鉄板にあたる面積が大きいので、熱も多く伝わって、そのため肉は堅くなる。

⑤ところが、同じめかたの肉を厚く切れば、当然切り口の面積は小さくなる。鉄板にあたる面積が小さくなれば、熱の伝わる量も少なくなる。そこで、表面は強熱されて固まり、中のほうは、熱の伝わりかたがおそくやわらかである。家庭でビーフステーキを焼くと、相当よい肉

を使っても、とかく堅くなるのは、みかけの大きさのほうをとって、薄く切った肉を求めるからだ。（河野友美『「料理・食べもの」ものしり雑学』）

**ナンデモ**　なんかすごく読みやすい文章ですね。とても明晰というか。論理的というか。頭にすらすらとはいってくる感じです。

**先生**　きみの言うとおりだ。実用文のお手本のような文章です。すでに指摘したように実用文は①簡潔、②明快、③具体的、この三つがポイントです。

まず最初に「厚く切ったほうが安い肉でもおいしいステーキができる」と結論（主張）をはっきり提示している。次いでどうしてそういうことになるのかという理由をていねいに説明している。繰り出される説明も理路整然としていて申し分がない。

「結論の先出し」というこのスタイルは、話の落としどころがあらかじめ分かるので、読み手に無用な負担をかけない、親切な書き方です。古典レトリックで言うところの「イン・メディアス・レス」（核心カラ）です。

文章構成法にはかの有名な「起承転結」がある。この書き方は実用文ではあまりおすすめできない。この構成法は読者の想像力に訴える。「転」は「振ること」「飛ぶこと」です。何度も言うように、実用文は「転」じること、脱線することは禁物です。「展」じなければいけない。「展」開し、さらに掘りさげなければならない。つまり実用文は「結起承展」、いや「結展展展」であるべきなのです。

ところで「結論の先出し」に加えて、引用文の論理性の一翼を担っているのは接続語の多用です。あまり長くもない文章のなかに八つの接続語が使われている（「とくに」も接続語と見なした）。先ほど紹介した岩橋のエッセーがわずか一つしかなかったのと著しい対照を見せている。この接続語の多寡は実用文と芸術文の違いをよく示している。

**ナンデモ**　要所要所に接続語が使われていて文章の流れは実に論理的なのですが、どうも中核文がはっきりしないような気がするのですが。はっきり取り出せるのは、第一段落の中核文「厚く切ったほうが安い肉でもおいしいステーキができる」だけですね。

**先生**　前にもちょっと注意したけど、中核文がない段落もある。この文章の場合、第一段落の中核文、あるいは第一段落全体がこの文章全体の中核文（結論）と考えて差し支えない。描写とか説明とか挙例が主になる段落や短い段落の場合にはよく見られるケースで、特に問題はない。この文章の場合は②と③、④と⑤を統合して大きく三つの部分からなると考えればいいのさ。

段落②と③は段落①の主張（結論）の出てくる根拠を提示している。つまり、肉を焼くときはうまみの元である肉汁を逃がさないことの大切さが述べられている。「肉を焼く場合、汁を出さないようにするためには、まず肉を強く加熱し、表面を早く固めてしまうことが必要だ」——この文がしいて言えば統合された段落②と③の中核文ということになる。この中核文の要請に応えるかたちで「肉を厚く切る」場合の結果を説明するのが、段落④と⑤だ。「肉を厚く切るとどうなるか、考えてみよう」——この文が段落④と⑤の中核文です。

ちなみに⑤の最後の文は①の中核文を言い直している。気のきいた文なので、ここだけ取り出して「強調の段落」にする手もある。
ご覧のとおり読点の場合と同じように、段落の取り方は書き手の選択にゆだねられる。段落を極端に多くすれば――たとえば一文で一段落を続ければ――段落の意味はなくなってしまう。またそうかといって、あまり少ないのも困る。文章の脈絡をはっきりさせるためには段落はあるていど必要です。重ねて言います。一つの段落は三文から五文くらいが目安、そして二〇〇字以内におさめるのが望ましい。

**【心得41】文章の展開は「起承転結」ではなくて「結起承展」「結展展展」**

## 論拠にはどんなものがあるか

**先生** 段落を積み上げていけば文章になる。すでに説明したように段落は文章のミニチュアです。主張（結論）にはかならず論拠を示さなければならない。論拠というとつい身構えてしまうが、そんなに堅苦しく考える必要はない。なるほど、数学や科学では一〇〇パーセント確実な論拠（証拠・証明）が目標です。日常的議論で問題になる論拠は科学や学問の場面とは異なり、八〇パーセントぐらいの確実さがあれば合格です（この数字はあくまでもののたとえです）。
論拠には大きく分けて「法則的なもの」と「経験的なもの」がある。どちらによるかはケース・

バイ・ケース。すでに触れたように前者によれば演繹法、後者によれば帰納法になる。「法則的なもの」は信頼の置ける「権威」、「経験的なもの」は信憑《しんぴょう》性のある「事実」ということになる。それぞれ次のようなものを挙げることができる。

**法則的なもの**（権威）

（1）定義的な命題
（2）格言、名言、金言、ことわざ
（3）専門家の意見
（4）一般に承認された意見、前例、通念、常識

**経験的なもの**（事実）

（1）アンケート・調査で集めたデータ
（2）各種のテキスト・資料・文献
（3）体験・観察で得た知識
（4）サンプル

このような論拠を挙げながら段落を組み立て、議論（文章）を展開していくわけです。

**ナンデモ**　論を展開するときの具体的な指針みたいなものがあったら教えてください。

**先生**　次のような手順を踏めばいい。多くは、前に挙げた段落での注意点と重なる。すでに触れた

ように、段落はいわば文章のミニチュアなのだからこの重複は当然です。

(1) それは何かを詳しく説明する
(2) それを根拠づける「法則的なもの」はあるか
(3) それを例証する「経験的なもの」はあるか
(4) それはどういう問題（展望・影響・結果）をもたらすか
(5) それを説明する理由・原因はあるか
(6) それと似た事例はあるか。垂直方向のリサーチ（遠くを／過去をたずねる）。水平方向のリサーチ（近くを／現在を見まわす）
(7) それと反対の事例はあるか

## 【心得42】主張にはかならず論拠を挙げる

### 段落の統合を考える

**先生**　すでに指摘したように、文章の内容により、また書き手によって大きめな段落になる場合もあれば、小さめな段落になる場合もある。そこで段落の組み立て・流れを考えるために、段落の統合の練習をしたいと思う。はじめは私が例を示します。あとはきみにもやってもらうから、そのつもりで。

**ナンデモ**　はい、分かりました。

**先生**　次に挙げるのは、大ジャーナリストであり、辛口の社会評論家としても有名だった大宅壮一《おおやそういち》の文章です。この文章は段落が多めに配してあります。

**【問題21】**　段落を統合しなさい。

①近ごろ『夫を成功させる法』などという書物が出てよく売れたり、夫を成功させた夫人の話が雑誌に出たりしている。世の中がだんだんセチ辛くなってきて、これまでのように簡単に〝成功〟できなくなったからであろう。

②入学や就職にもコネ（縁故）がものをいうと同様に、男が世に出て仕事をしていく上に、夫人の力が大きな役割を果すようになってきたのである。

③そこで、アメリカあたりでは、結婚の相手をえらぶ科学のようなものまで生まれつつあるらしい。見たところ美しいとか、気性が合うとかいったようなことだけで、相手を選ぶのは、もう時代おくれである。むかしから「悪妻は一生の不作」と言われているように、一時の出来心から妙なのをつかむと、生涯ウダツが上らなくなる。

④ところで実際問題となると、良妻と悪妻の区別はむずかしい。それは人により、職業によって、ずいぶんちがっていて、全然逆になる場合も珍しくないからである。

⑤たとえば実業家にとっての悪妻も、文士にとっては夫を世に出す原動力となり、結果においてたいへんな良妻になる場合も珍しくない。
⑥早い話が、日本の文壇で代表的な〝悪妻〟の例としていつも話題になるのは夏目漱石夫人である。漱石文学は、この〝悪妻〟に対する内面的レジスタンスの産物であると極言する人さえある。彼がもっといい夫人をもらって円満な結婚生活を送っていたならば、平凡な大学教授で一生を了えたかもしれないというのだ。
⑦もしそうだとすれば、〝悪妻〟がこの大文豪をつくりあげたことになる。ギリシャの哲学者ソクラテスについても同じことが言えよう。
⑧そのほか、大文豪や大思想家には〝悪妻〟の亭主が多いところを見ると、良妻というものは、ぬるま湯のような幸福をもたらすだけで、偉大な人物をつくる妨げになるらしい。（大宅壮一「新版 夫を成功させる法」）

見れば分かるように一つの段落がとても短い。⑥だけは三つの文からなるが、ほかは二つか一つ。まあ、ジャーナリスティックな文章の見本と言えるかな。

まず文章の流れを大きくつかむことを考えよう。
①と②は夫を成功させる方法が世間の注目を集めていることに注意を喚起し、その理由を指摘している。内容的に一つにまとめることができる。「序」と考えていいだろう。
③は「そこで」と話をアメリカに振って、妻選びの重要性を説いている。「序」を受けて話を展

開している。

④と⑤はそこまでの話の流れを「ところで」と「転」じている。妻選びの重要性は承知しているけれども、実際問題としては妻選びは難しいことを述べている。⑤は例（「たとえば」）を挙げて、職業によって一方の良妻が他方の悪妻になることは珍しくないことを説いている。④と⑤は一つに括れる。

⑥と⑦は⑤を受けてもっと具体的な例を挙げて議論を展開する。夏目漱石の場合を俎上に載せて悪妻の効用を説いている。悪妻が大文豪の生みの親だったということになる。

⑧は結び。古今の例に照らしてみると、良妻は夫をスポイルし、小人物にしてしまうのかもしれない。こうしてこの文章は「悪妻こそ良妻」という逆説的な結論を提起している。

**ナンデモ**　元の八つの段落が五つにまとめられたわけか。内容的に同じなもの、関連のあるものを括ればいいということですね。

**先生**　そういうことだね。ただし、この文章の場合はもっと大きく括ることもできる。④⑤⑥を実例ということで一つにまとめてしまう。また⑦と⑧をまとめて結びとすることも可能だろう。いずれにしても、この文章は具体的な例を挙げて議論を進めている。「例証」と呼ばれる論証です。この論証はとても説得力がある。

「論より証拠」で具体的な例を挙げる例証とは別に、正しい「定義」を求める説得のしかたがあります。物事の本質を問う理屈っぽい説得ですが、意外と応用範囲が広い。

世の通念や常識に異を唱えるときや、相手の考え方に反論するときは「定義」による論証は強い味方になる。人は物事をいつも厳密に考えているわけではない。だから改まって「定義」を求められれば、たいていの人は立ち往生してしまう。「人の道に外れたことはしてはいけない」と大人からさとされた若者が「じゃあ、人の道とはなにかきちんと説明してほしいナ」と開き直られたら、即答できる大人は何人いるか。「定義」による議論は素人（弱者）が専門家（強者）と対等に渡り合うことを可能にする論証として注目に値する。いずれにしても「定義」による論証は問題提起をするときに有効な方法です。

次の文章は「定義」をめぐって議論が展開されている。

**【問題22】** 次の文章は段落が多めに設定されている。段落の統合を考えなさい。

①「ＬＯＶＥ」と「ＬＩＫＥ」はどう違うのかと聞かれて、「ラブ」は「ライク」より強いのだろうと答えたら「程度の問題ではない」と、人に教えられたことがあった。その先生は、「ＬＯＶＥ」は異質なものを、「ＬＩＫＥ」は同質のものを求めることで、そこが違うのだという説明の仕方をした。このはなはだ哲学的な解釈が、言葉の説明としても正しいのか、どうかは知らない。しかし、聞いていて、なるほどと思った。

②神への愛であれ、異性への愛であれ、「愛」には不安定な激しさが感じられる。それは、自分と異質なもの、対極にあるものに立ち向かうために起こる燃焼のせいかもしれぬ。これに対し「好きだ」ということには、何か安定感がある。自分と同質なもの、共通するもの、同一線上にあるものを知る歓びであるためのような気がする。

③いいかえれば、「LOVE」は、異質な相手と合体することによってはじめて自分が完全になれるという欲求だとすれば、「LIKE」は、自分と同じものを相手の中に確認したい願望だといえようか。

④「愛」をもっとも深い、本質的な情念にして、人間が造られたのだとすれば、やはや賛嘆すべき造化の妙にちがいない。

⑤しかし、人間には、もう一つ「知恵」というものが与えられた。知恵があるので、一万メートルの空を飛ぶこともできるし、原子を破壊する秘密さえ知っている。知恵があるので、目標を立て、それを達成するためにもっとも効率のよい組織をつくり、もっとも便利な方法を編み出す。

⑥このようにして物事を合理的にしてゆくことで、さまざまな問題が起こってくるが、その一つは万物を数字にしてしまうことだろう。数量化しなければ物は合理的にならないが、数字にすれば、一つ一つの持つ意味や質は無視されることになる。

⑦あなたにとってかけがえのない人も、他の人とまったく同じように「一人」として数えられるにすぎない。「小鮒釣りしかの川」も、水量何トン、長さ何キロの川になってしまう。このようにして、人も物もすべてが「統計数字」になり、同質化されていく。

⑧「愛」が人間のもっとも本質的な情念とされたのは、実は、異質のものと対することにより人間は自己発展することができる、という仕組みを内蔵させるためではなかったのだろうか。ところが現代文明は、すべてを同質化しようとする。その意味で、人間の知恵は「愛のない世

界」をつくることに一生懸命になっている。

⑨たとえば、日本全体が画一的になり、地方の個性が薄れていくことがよくないのは、旅の楽しさがなくなるといったことからではない。異質なものがなくなることは、愛を喪うことであり、自己発展のエネルギーを失うことになるからである。

⑩地方選挙で、国政をそのままコピーしたような選挙を見ながら、こんなことを考えていた。

（深代惇郎「ＬＯＶＥとＬＩＫＥについて」『深代惇郎エッセイ集』）

**ナンデモ**　①はマクラ、⑩は落ちと考えていいですよね。

**先生**　①は自分の体験から問題提起をしている。⑩は意外なところへ話を振っている。うまい書き出しと締め方だね。全体の流れはどうかな。

**ナンデモ**　全体の流れは、他者を受け容れ自己を発展させる可能性を秘めた「愛」と、合理性の追求が同質化＝画一化の危険を秘めた「知」との対比からなっています。

**先生**　その対比を軸に大づかみに捉えれば、一〇の段落をもっと絞り込めるだろう？

**ナンデモ**　絞り込めますね。マクラとオチを別にすると、「ＬＯＶＥ」と「ＬＩＫＥ」を対比的に話題にして「ＬＯＶＥ」の本質性を説く②③④が一つに括れます。

⑤は「しかし」と視点を転じています。人間のもう一つの精神作用として「知恵」（知性）に注目し、その美点を挙げている。しかし⑥と⑦でその合理的問題処理の有効性を認めながらも、すべてのものが数量化され同質化される危惧を指摘している。ということで⑤⑥⑦は一つにまとめるこ

とができます。

⑧と⑨は知的活動の同質化に対抗するものとして愛の役割を捉え返しています。愛は異質なものと向き合いながら自己を発展させるエネルギーを供給する。愛が喪失するとどうなるか、その具体例が日本の画一化にもとめられています。

⑩はそんな画一化の兆候を政治の舞台に見ています。

**先生**　このオチのうまさが分かるとは、さすがだね。この文章は比較・対照をうまく使って議論を進めている。これは「対照法」というテクニックだが、議論を進めるときに実に効果的だ。物事は対比することによってその本質が見えてくることが多いものだ。

この文章は教育誌に発表されたエッセーです。

**ナンデモ**　なんか「天声人語」を思わせる書き方ですね。

**先生**　鋭い観察だ。事実、この筆者は「天声人語」も担当していた。「天声人語」の売りは話の振り方、話題の「転じ」方にある。私もこの文章はうまいとは思うが、実用文としてはどうかな。問題がある。知りたい、伝えたい情報は早く出すべきだ。読者に気を持たせるのはよろしくない。実用文なら⑩を頭に置くほうがいい。「地方選挙で、国政をそのままコピーしたような選挙を見ながら、次のようなことを考えていた。」とすべきではないかな。

**ナンデモ**　練習問題を通じて、一つの文章を前にしてもいろいろな段落の可能性があるんだということがよく分かりました。

**先生**　なるほど、いろいろな可能性はあるけれども、大きめの段落でいくか、小さめの段落でいくかという方針が決まれば、大筋はそんなに変わらないと思うよ。

「段落で考える」――これが作文術の要諦《ようてい》です。思うに、作文教育で今いちばん求められているのは段落に対するセンスの涵養ではないだろうか。ナンデモくん、段落の重要性をくれぐれもお忘れなく。

**ナンデモ**　長い間ありがとうございました。新学期ももうすぐです。いよいよ四年生になります。ここで勉強したことをばっちり活かして卒論の執筆と就職活動に頑張りたいと思います。

**【心得43】作文の極意は「段落で考える」こと**

【心得24】ハの読点・文越えの支配力に注意する
【心得25】文の長さの上限は五〇字から六〇字
【心得26】長文は悪文の元凶
【心得27】曖昧な「が、」に注意しよう
【心得28】中止法は二回まで
【心得29】長い副詞節は指示語や接続語を使って独立した文にする
【心得30】長い修飾語（形容詞節）は被修飾語を主語に立て新しい文にする
【心得31】長い名詞節と長い述語に対しては主役を前に出す
【心得32】可能なら《他動詞・使役動詞→自動詞》《能動態→受動態》の書き替えを考える
【心得33】ノの連続は三つまで
【心得34】箇条書き・予告・まとめは読者へのサービス
【心得35】達意の文章の三要件は「簡潔」「明快」「具体的」
【心得36】論文は三つのパーツ、問い（問題提起）・答え（結論）・理由づけ（論拠）からなる
【心得37】段落は文章（論文）のミニチュアである
【心得38】一つの段落は二〇〇字以内におさめる
【心得39】中核文は段落の頭へ
【心得40】接続語の使用は迷ったら残す
【心得41】文章の展開は「起承転結」ではなくて「結起承展」「結展展展」
【心得42】主張にはかならず論拠を挙げる
【心得43】作文の極意は「段落で考える」こと

## 【作文の心得】一覧

【心得１】書くとは「説得する」ことである
【心得２】話し言葉と書き言葉は似て非なるもの
【心得３】文章の明晰さは書く人の心がけしだいである
【心得４】書き言葉は「外国語」である
【心得５】読み手の身になって書く
【心得６】定型表現を見直そう
【心得７】書き終えた文章はかならず声に出して読み直す
【心得８】日本語はコンテクストから分かることはいちいち言葉にしない
【心得９】日本語は述語以外は省略可能な補語である
【心得10】日本語の主語は単なる補語である
【心得11】よけいな主語・所有形容詞・指示語は削る
【心得12】自然な語順は《①いつ②どこで③だれが④だれに⑤なにを⑥どうした》
【心得13】文節は長い順に並べる
【心得14】関係のある文節は近づける
【心得15】長い文では「主語の後出し」を考える
【心得16】読点を必要としない「正順」の文を書くことにしよう
【心得17】読点は短い文節が前に出たとき、あるいは長めの文節が「並立」するときに打つ
【心得18】レベルの違う読点に注意しよう
【心得19】漢字は少なめにしよう
【心得20】ハは円（場の設定）、ガは矢印（対象の特定）
【心得21】ハは既知情報であり、ガは新情報である
【心得22】従属節中のハの使用は要注意
【心得23】ハの兼務に注意しよう

## ●主要参考文献


浅山友貴『現代日本語における「は」と「が」の意味と機能』第一書房、二〇〇四年
浅利誠『日本語と日本思想』藤原書店、二〇〇八年
井上ひさし『自家製 文章読本』新潮文庫、一九八七年
井上ひさしほか『井上ひさしと141人の仲間たちの作文教室』新潮文庫、二〇〇二年
岩淵悦太郎（編著）『新版 悪文』日本評論社、一九六一年
大野晋『日本語について』岩波書店、同時代ライブラリー、一九九四年
大野 晋『日本語練習帳』岩波新書、一九九九年
小河原誠『読み書きの技法』ちくま新書、一九九六年
金谷武洋『日本語に主語はいらない』講談社選書メチエ、二〇〇二年
金田一春彦『日本語〈上・下〉』岩波新書、一九八八年（新版）
篠田義明『ビジネス文 完全マスター術』角川oneテーマ21、二〇〇三年
清水幾太郎『論文の書き方』岩波新書、一九五九年
高橋太郎ほか『日本語の文法』ひつじ書房、二〇〇五年
谷崎潤一郎『文章読本』中公文庫、一九九六年（改版）
月本洋『日本語は論理的である』講談社選書メチエ、二〇〇九年
寺村秀夫『日本語のシンタクスと意味（Ⅰ・Ⅱ・Ⅲ）』くろしお出版、一九八二／一九八四／一九九一年
中井久夫『私の日本語雑記』岩波書店、二〇一〇年
中島文雄『日本語の構造』岩波新書、一九八七年
野内良三『うまい！日本語を書く12の技術』〈生活人新書〉日本放送出版協会、二〇〇三年
――『日本語作文術』中公新書、二〇一〇年
野田尚史『「は」と「が」』〈新日本語文法選書〉くろしお出版、一九九六年

本多勝一『日本語の作文技術』朝日文庫、一九八二年
——『実戦・日本語の作文技術』朝日文庫、一九九四年
三上章『日本語の論理』くろしお出版、一九六三年
——『象は鼻が長い』（改訂増補版）くろしお出版、一九六九年
丸谷才一『文章読本』中央公論新社、一九九五年（改版）
三島由紀夫『文章読本』中央公論新社、一九九五年（改版）
森田良行『日本語文法の発想』ひつじ書房、二〇〇二年
Richard Arcand et Nicole Bourbeau : La communication efficace, De Boeck Université, 1998
Eloi Legrand : Stylistique française (Livre du maître), Gigord, 1963

野内良三――のうち・りょうぞう

● 1944年東京生まれ。東京教育大学文学部仏文科卒。同大学院文学研究科博士課程中退。静岡女子大学助教授、高知大学教授を経て現在、関西外国語大学教授。

● 著書に『ランボー考』『ステファヌ・マラルメ』（審美社）、『ヴェルレーヌ』『ミュッセ』（清水書院）、『レトリック辞典』『日本語修辞辞典』（国書刊行会）、『実践ロジカル・シンキング入門』『レトリックのすすめ』（大修館書店）、『レトリック入門』（世界思想社）、『日本語作文術』（中公新書）、『うまい！日本語を書く12の技術』（生活人新書）、『偶然を生きる思想』『発想のための論理思考術』（NHKブックス）など。

NHKブックス［1182］

伝える！ 作文の練習問題

2011（平成23）年9月30日　第1刷発行

著　者　野内良三

発行者　溝口明秀

発行所　NHK出版

東京都渋谷区宇田川町41-1　郵便番号150-8081
電話　03-3780-3317（編集）　0570-000-321（販売）
ホームページ　http://www.nhk-book.co.jp
携帯電話サイト　http://www.nhk-book-k.jp
振替 00110-1-49701
［印刷］啓文堂　［製本］田中製本　［装幀］倉田明典

落丁本・乱丁本はお取り替えいたします。
定価はカバーに表示してあります。
ISBN978-4-14-091182-2　C1381

## NHKブックス 時代の半歩先を読む

## ＊文学・古典・言語・芸術

古事記―天皇の世界の物語― 神野志隆光
源氏物語と東アジア世界 河添房江
日本語の特質 金田一春彦
言語を生みだす本能(上)(下) スティーブン・ピンカー
思考する言語―「ことばの意味」から人間性に迫る―(上)(中)(下) スティーブン・ピンカー
小説入門のための高校入試国語 石原千秋
評論入門のための高校入試国語 石原千秋
日本語は進化する―情意表現から論理表現へ― 加賀野井秀一
漢文脈と近代日本―もう一つのことばの世界― 齋藤希史
文章をみがく 中村 明
論文の教室―レポートから卒論まで― 戸田山和久
〈性〉と日本語―ことばがつくる女と男― 中村桃子
ドストエフスキイ―その生涯と作品― 埴谷雄高
ドストエフスキー 父殺しの文学(上)(下) 亀山郁夫
意味の世界―現代言語学から視る― 池上嘉彦
英語の感覚・日本語の感覚―〈ことばの意味〉のしくみ― 池上嘉彦
英語の発想・日本語の発想 外山滋比古
英文法の仕組みを解く 鈴木寛次
英語の味わい方 斎藤兆史
英文法の論理 斎藤兆史
英文法をこわす―感覚による再構築― 大西泰斗
『くまのプーさん』を英語で読み直す ドミニク・チータム
バロック音楽―豊かなる生のドラマ― 礒山 雅
絵画を読む―イコノロジー入門― 若桑みどり
フェルメールの世界―17世紀オランダ風俗画家の軌跡― 小林頼子
油絵を解剖する―修復から見た日本洋画史― 歌田眞介
子供とカップルの美術史―中世から18世紀へ― 森 洋子
絵画の二十世紀―マチスからジャコメッティまで― 前田英樹
映像論―〈光の世紀〉から〈記憶の世紀〉へ― 港 千尋
形の美とは何か 三井秀樹
かたちの日本美―和のデザイン学― 三井秀樹
青花の道―中国陶磁器が語る東西交流― 弓場紀知
刺青とヌードの美術史―江戸から近代へ― 宮下規久朗
ロシア文学の食卓 沼野恭子
シュルレアリスム絵画と日本―イメージの受容と創造― 速水 豊
冷泉家・蔵番ものがたり―「和歌の家」千年をひもとく― 冷泉為人
オペラ・シンドローム―愛と死の饗宴― 島田雅彦
歌舞伎の中の日本 松井今朝子

※在庫品切れの際はご容赦下さい。

# NHKブックス　時代の半歩先を読む

## *宗教・哲学・思想

仏像 ―心とかたち―　望月信成／佐和隆研／梅原 猛
続仏像 ―心とかたち―　望月信成／佐和隆研／梅原 猛
禅 ―現代に生きるもの―　紀野一義
原始仏教 ―その思想と生活―　中村 元
ブッダの人と思想　中村 元／田辺祥二
ブッダの世界　玉城康四郎／木村清孝
『歎異抄』を読む　田村実造
がんばれ仏教！ ―お寺ルネサンスの時代―　上田紀行
目覚めよ仏教！ ―ダライ・ラマとの対話―　上田紀行
ブータン仏教から見た日本仏教　今枝由郎
マンダラとは何か　正木 晃
宗像大社・古代祭祀の原風景　正木 晃
聖書 ―その歴史的事実―　新井 智
イエスとは誰か　高尾利数
人類は「宗教」に勝てるか ―一神教文明の終焉―　町田宗鳳
法然・愚に還る喜び ―死を超えて生きる―　町田宗鳳
現象学入門　竹田青嗣
ヘーゲル・大人のなりかた　西 研
フロイト思想を読む ―無意識の哲学―　竹田青嗣／山竹伸二
「本当の自分」の現象学　山竹伸二
可能世界の哲学 ―「存在」と「自己」を考える―　三浦俊彦
論理学入門 ―推論のセンスとテクニックのために―　三浦俊彦
「生きがい」とは何か ―自己実現へのみち―　小林 司
文明の内なる衝突 ―テロ後の世界を考える―　大澤真幸
自由を考える ―9・11以降の現代思想―　東 浩紀／大澤真幸
東京から考える ―格差・郊外・ナショナリズム―　東 浩紀／北田暁大
日本的想像力の未来 ―クール・ジャパノロジーの可能性―　東 浩紀編
ジンメル・つながりの哲学　菅野 仁
科学哲学の冒険 ―サイエンスの目的と方法をさぐる―　戸田山和久
国家と犠牲　高橋哲哉
〈心〉はからだの外にある ―「エコロジカルな私」の哲学―　河野哲也
集中講義！ 日本の現代思想 ―ポストモダンとは何だったのか―　仲正昌樹
集中講義！ アメリカ現代思想 ―リベラリズムの冒険―　仲正昌樹
〈個〉からはじめる生命論　加藤秀一
哲学ディベート ―〈倫理〉を〈論理〉する―　高橋昌一郎
偶然を生きる思想 ―「日本の情」と「西洋の理」―　野内良三
発想のための論理思考術　野内良三
欲望としての他者救済　金 泰明
カント 信じるための哲学 ―「わたし」から「世界」を考える―　石川輝吉
ストリートの思想 ―転換期としての1990年代―　毛利嘉孝
「かなしみ」の哲学 ―日本精神史の源をさぐる―　竹内整一
快楽の哲学 ―より豊かに生きるために―　木原武一
「原子力ムラ」を超えて ―ポスト福島のエネルギー政策―　飯田哲也／佐藤栄佐久／河野太郎

※在庫品切れの際はご容赦下さい。

# NHKブックス 時代の半歩先を読む

## *教育・心理・福祉

子どもの世界をどうみるか―行為とその意味― 津守 真
不登校という生き方―教育の多様化と子どもの権利― 奥地圭子
「学力低下」をどうみるか 尾木直樹
子どもの絵は何を語るか―発達科学の視点から― 東山 明／東山直美
身体感覚を取り戻す―腰・ハラ文化の再生― 斎藤 孝
子どもに伝えたい〈三つの力〉―生きる力を鍛える― 斎藤 孝
生き方のスタイルを磨く―スタイル間コミュニケーション論― 斎藤 孝
〈育てられる者〉から〈育てる者〉へ―関係発達の視点から― 鯨岡 峻
愛撫・人の心に触れる力 山口 創
〈子別れ〉としての子育て 根ヶ山光一
現代大学生論―ユニバーシティ・ブルーの風に揺れる― 溝上慎一
フロイト―その自我の軌跡― 小此木啓吾
色と形の深層心理 岩井 寛
エコロジカル・マインド―知性と環境をつなぐ心理学― 三嶋博之
孤独であるためのレッスン 諸富祥彦
内臓が生みだす心 西原克成
人間の本性を考える―心は「空白の石版」か―(上)(中)(下) スティーブン・ピンカー
17歳のこころ―その闇と病理― 片田珠美
人と人との快適距離―パーソナル・スペースとは何か― 渋谷昌三
母は娘の人生を支配する―なぜ「母殺し」は難しいのか― 斎藤 環
福祉の思想 糸賀一雄
介護をこえて―高齢者の暮らしを支えるために― 浜田きよ子
アドラー 人生を生き抜く心理学 岸見一郎

## *政治・法律・経済

日本外交の軌跡 細谷千博
現代民主主義の病理―戦後日本をどう見るか― 佐伯啓思
京都型ビジネス―独創と継続の経営術― 村山裕三
イスラーム戦争の時代―暴力の連鎖をどう解くか― 内藤正典
ネパール王制解体―国王と民衆の確執が生んだマオイスト― 小倉清子
自治体破産［増補改訂版］―再生の鍵は何か― 白川一郎
外交と国益―包括的安全保障とは何か― 大江 博
国家論―日本社会をどう強化するか― 佐藤 優
長期不況論―信頼の崩壊から再生へ― 松原隆一郎
分断される経済―バブルと不況が共存する時代― 松原隆一郎
マルチチュード―〈帝国〉時代の戦争と民主主義―(上)(下) アントニオ・ネグリ／マイケル・ハート
未来派左翼―グローバル民主主義の可能性をさぐる―(上)(下) アントニオ・ネグリ
企業倫理をどう問うか―グローバル化時代のCSR― 梅田 徹
考える技術としての統計学―生活・ビジネス・投資に生かす― 飯田泰之
生きるための経済学―〈選択の自由〉からの脱却― 安冨 歩
現代帝国論―人類史の中のグローバリゼーション― 山下範久
恐慌論入門―金融崩壊の深層を読みとく― 相沢幸悦
ODAの現場で考えたこと―日本外交の現在と未来― 草野 厚
現代ロシアを見る眼―「プーチンの十年」の衝撃― 木村 汎／袴田茂樹／山内聡彦
中東危機のなかの日本外交―暴走するアメリカとイランの狭間で― 宮田 律
資本主義はどこへ向かうのか―内部化する市場と自由投資主義― 西部 忠
ポピュリズムを考える―民主主義への再入門― 吉田 徹
戦争犯罪を裁く―ハーグ国際戦犯法廷の挑戦―(上)(下) ジョン・ヘーガン

※在庫品切れの際はご容赦下さい。

# NHKブックス　時代の半歩先を読む

## *歴史（Ⅰ）



## *歴史（Ⅱ）



※在庫品切れの際はご容赦下さい。

# NHKブックス　時代の半歩先を読む

## ＊社会

日本人の行動パターン　ルース・ベネディクト
育児の国際比較―子どもと社会と親たち―　恒吉僚子／S・ブーコック編著
子育てと出会うとき　大日向雅美
デザインの20世紀　柏木　博
メディア危機　金子　勝／アンドリュー・デウィット
「希望の島」への改革―分権型社会をつくる―　神野直彦
中国人の心理と行動　園田茂人
男女共同参画社会をつくる　大沢真理
嗤う日本の「ナショナリズム」　北田暁大
図説　日本のマスメディア［第二版］　藤竹　暁編著
新版　図書館の発見　前川恒雄／石井　敦
少子化する高齢社会　金子　勇
リスクのモノサシ―安全・安心生活はありうるか―　中谷内一也
所有と国家のゆくえ　稲葉振一郎／立岩真也
社会学入門―〈多元化する時代〉をどう捉えるか―　稲葉振一郎
幸福論―〈共生〉の不可能と不可避について―　宮台真司／鈴木弘輝／堀内進之介
ウェブ社会の思想―〈遍在する私〉をどう生きるか―　鈴木謙介
団塊の肖像―われらの戦後精神史―　橋本克彦
現代「女の一生」―人生儀礼から読み解く―　関沢まゆみ
新版　データで読む家族問題　湯沢雍彦／宮本みち子
現代日本の転機―「自由」と「安定」のジレンマ―　高原基彰
メディアスポーツ解体―〈見えない権力〉をあぶり出す―　森田浩之
現代日本人の意識構造［第七版］　ＮＨＫ放送文化研究所編
議論のルール　福澤一吉
「韓流」と「日流」―文化から読み解く日韓新時代―　クォン・ヨンソク

※在庫品切れの際はご容赦下さい。